Мария Гон

SUPER

русский

1й класс

_____
имя

INDEX

Page	Lesson number	Grammar	Vocabulary
1	Lesson 1	Alphabet: vowels and consonants	
7	Lesson 2	Syllables	
13	Lesson 3	Syllables 2	
19	Lesson 4	Stress	Body parts
25	Lesson 5	Syllables and stress	Body parts 2
31	Lesson 6	Letters and Suonds	Landscape
37	Lesson 7	Punctuation	Simple dialogs
43	Lesson 8	Soft and hard consonants	What do you like?
49	Lesson 9	Soft and hard consonants 2	Colors

СОДЕРЖАНИЕ

GUIDELINES

Dear teachers, parents, grandparents and tutors.

If you are reading these lines, then most likely you are involved in raising a special person. S/he has at least one Russian parent, the family lives outside of Russia, and child has to learn Russian. Have I get it? You are raising a Russian bilingual somewhere on the planet Earth. I also raise two bilinguals in Italy, and for several years now I have been teaching Russian to the children of Russian parents in Milan (Italy), and online.

The 1st class textbook that you are holding in your hands was developed especially for the bilingual children I work with. For several years I used other already existing versions of the text books, but none of them met the needs of the teaching process during my lessons. In those editions I lacked exercises aimed at developing certain skills. Either there were no writing exercises at all.

These "lacks" prompted me to write this special textbook for bilinguals. It is built on several principles.

- Well structured lessons. 6 pages are devoted to each lesson and they are all similar, with the same set of exercises. Once pupils have understood the structure of the lesson, they know "what to expect". This gives them confidence in handling the material. And it helps save energy. As we know while children are only getting used to learning activity, their energy quickly goes exhausted.

- In one lesson there are many different types of exercises that allow children to change the type of activity. It is this versatile approach that allows children to learn without being stressed or bored.

- The vocabulary used in the manual contains words from the everyday dictionary. You will not meet here "izbushka", "samovar" and "garmoshka", but you will meet "rap" and "borscht", "sharpener" and "grandmother", "slide" and "snowballs". Many words and pictures are repeated several times in the book. This way children learn new words better (if they did not know them), and/or remember how they are spelled.

- There is a plenty of bright, modern illustrations. This also helps kids to keep their attention during classes.

Pages have different colors.
Green - exercises are performed in chorus.
Yellow and orange color - the joint work of the teacher and children.
Light blue - possible independent (home) work of children. These are usually writing exercises. Each lesson ends with two light blue pages for eventual home work.

On the first page of each lesson you will find a reading trainer and a place for a small elementary dictation. We start by reading letters. Then we practice reading syllables of two letters, where the first vowel. This form is the best for children for the first reading. They can draw the vowel until they understand or remember the consonant.
Then we move on to open syllables of two letters, that is, the first consonant and the second vowel. We study these syllables during the whole topic (6 lessons) "Soft and hard consonants". In conclusion, we train on closed syllables of 3 letters.
There is a space for dictation, where the teacher (parent) dictates letters in random order. I highly recommend spelling words. Children get excited once understood that the letters will form the words, they try to guess what word / phrase they will get, and do not even think about how boring and difficult it is to write a dictation.

The second page "explains" the new grammar topic. As a rule, it is presented schematically, and without an explanation from an adult, it is difficult for children to guess what is at stake. Writing lengthy rules and instructions for bilingual first-graders also does not make much sense. This textbook has already been tested by 16 teachers in different parts of the world, and we all made sure that this presentation of the material works. After the explanation scheme, one exercise follows for mandatory joint implementation with the teacher. In this way, children put into practice the rule they have just learned. If something has been misunderstood, it is easily found out during the first exercise.

The third page is devoted to "reading". These are small texts designed to arouse interest in children and give them the opportunity to talk. In many lessons, reading is functional, that is kids need to read and choose one of the two options offered. This also in some way makes it easier for children to complete these tasks. There are little cute monsters that can not cope with some task. They ask for help from children, children must read the words to help little monsters. During testing, I received a lot of enthusiastic reviews from teachers and parents about those little monsters.

The fourth page - are games and tasks aimed to consolidate the rules learned during the lesson, to repeat new words, and to exercise writing.
Children can partially do these exercises on their own, but I still advise teachers and parents to be actively present during the work on the fourth page.

The fifth page - kids can do it entirely by themselves. The exercises are very easy, usually much easier than those on the previous page. This gives children self-confidence, they easily cope with them. The first exercise is followed by an elementary printed copybook, which helps to memorize letters, because at this stage not all children remember all 33 Russian letters.

On the sixth page, first, a small exercise is given for writing numbers. While working with Italian bilinguals, I often had to deal with children who have voids with numerals. If a child does not attend math classes in Russian, this is quite normal and predictable. As a result, you can meet children of 10-12 years old who speak Russian, can express themselves, but when it comes to numbers, they may not even know the names of all tens. That is why in SUPER RUSSIAN manuals I pay attention to numerals in every lesson. The numerals are followed by a game, which, as a rule, is the main motivator of the child when doing homework in Russian. Games alternate, they are all very easy, except for crossword puzzles.

After "SUPER Русский 1" you can continue to study Russian with your bilinguals using the "SUPER Русский 2" manual. With it children will continue to exercise in reading and writing and in acquiring the basics of Russian grammar.

This book is part of the "SUPER Russian" series of manuals specially designed for bilingual children living abroad.

The series:
"SUPER Русский - Азбука",
"SUPER Русский - Прописи",
"SUPER Русский 1",
"SUPER Русский 2",
"SUPER Русский - Little stories from Antosha - texts and exercises" - supplementary reading book for 2 level.
"SUPER Русский 3"
"SUPER Русский - Little stories from Antosha - texts and exercises" - supplementary reading book for 3 level.

ОБ УЧЕБНИКЕ

Дорогие учителя, родители, бабушки, дедушки и репетиторы.
Если вы читаете эти строки, то скорее всего вы замешаны в воспитании особенного человечка. У него хотя бы один родитель – русский, семья живёт за пределами России, и ему приходится изучать русский язык. Я угадала? Вы растите русского билингва в другой стране. Я тоже ращу двух билингвов в Италии, и вот уже несколько лет преподаю русский язык детям наших соотечественников в Милане, ну и с помощью интернета кое-где ещё.

Учебник, который вы держите в руках, разработан мною специально для детей билингвов, с которыми я работаю. Несколько лет я использовала другие, уже существующие варианты пособий, но ни одно из них не отвечал потребностям обучающего процесса на моих уроках. Многие русские зарубежные школы идут по учебникам российских школ, пытаясь за один урок дать билингвам тот материал, который их сверстники в России проходят за неделю. Я не занималась по такой программе, и мне приходилось готовить к каждому уроку собственные материалы, или склеивать их из фотокопий отдельных упражнений.

В результате у меня набралось достаточно материала, который лёг в основу этого пособия. Этот учебник, как и другие из серии "SUPER РУССКИЙ", построен на нескольких принципах.

- Четко структурированные уроки. Каждый урок занимает 6 страниц, все они однообразные, с повторяющимися типами упражнений. Усвоив однажды структуру урока, дети знают "чего им ждать". Это придает им уверенности в обращении с материалом. И помогает экономить энергию. А на этапе привыкания к новой - учебной - деятельности, энергия у деток быстро истощается.

- В каждом уроке много разнообразных упражнений, которые позволяют детям менять род деятельности.

- Лексика, используемая в пособии - это слова из каждодневного словаря. Вы не встретите здесь "избушку", "самовар" и "гармошку", но встретите "собака" и "борщ", "диван" и "бабушка", "лёд" и "корабль".

- Яркие, современные иллюстрации позволяют маленькому человечку удерживать внимание во время занятий.

Структура урока

Страницы имеют разное цветовое оформление.
Зеленый - упражнения выполняются хором.
Желтый и оранжевый цвет - совместная работа учителя и детей.
Голубой - возможная самостоятельная работа детей. Это, как правило, упражнения на письмо. Каждый урок заканчивается двумя голубыми страницами, которые можно задать на дом.

На первой странице каждого урока вы найдёте тренажёр для чтения и место для маленького элементарного диктанта. Начинаем с чтения отдельных букв. Затем упражняемся в чтении слогов из двух букв, где первая гласная: эта форма наилучшим образом подходит детям для первого чтения: они могут тянуть гласную, пока поймут или вспомнят согласную.
Затем переходим к открытым слогам из двух букв, то есть первая согласная и вторая гласная. Эти слоги мы изучаем во время всей темы (6 уроков) "Мягкие и твёрдые согласные". В заключение тренируемся на закрытых слогах из 3 букв.

Для диктанта отведены строчки, где учитель (родитель) диктует в произвольном порядке буквы. Очень рекомендую диктовать слова по буквам. Так у детей возникает азарт, они пытаются угадать, что за слово / фраза получится, и даже не думают о том, как это скучно и трудно писать диктант.

На второй странице "объясняется" новая тема грамматики. Как правило, она представлена схематично, и без объяснения взрослого детям трудно догадаться, о чем идет речь. Писать пространные правила и инструкции для первоклашек билингвов тоже не имеет особого смысла. Этот учебник уже был протестирован 16ю учителями в разных концах света, и мы все удостоверились, что такая подача материала работает. После схемы-объяснения следует одно упражнение для обязательного совместного выполнения с учителем. Таким образом дети применяют на практике только что выученное правило. Если что-то было понято неправильно или недопонято, это легко выясняется во время выполнения первого упражнения.

Третья страница посвящена "чтению". Это маленькие тексты, рассчитанные на то, чтобы вызвать интерес у детей, и дать возможность поговорить. На многих уроках чтение является функциональным, то есть надо прочитать, и выбрать один из двух предлагаемых вариантов. Это тоже в некотором роде упрощает детям выполнение этих заданий. Есть монстрики, которые не могут справиться с какой-то задачей. Они просят помощи у детей, дети чтобы помочь монстрикам должны прочитать слова. Во время тестирования я получила много восторженных отзывов от учителей и родителей именно о монстриках.

Четвертая страница - игры и задания на закрепление пройденного правила, повторение новых слов, упражнения на письмо.
Дети частично могут выполнять эти упражнения самостоятельно, но всё же советую учителям и родителям активно присутствовать во время работы на четвертой странице.

Пятая страница может быть выполнена полностью самостоятельно. Упражнения очень лёгкие, как правило намного легче чем на предыдущей странице. Это придаёт детям уверенности в себе, они легко с ними справляются. За первым упражнением следует элементарная печатная пропись, которая способствует запоминанию букв, ведь на этом этапе еще не все дети помнят все 33 русские буквы.

На шестой странице сначала даётся небольшое упражнение на написание числительных. Во время работы с итальянскими билингвами мне часто пришлось сталкиваться с детьми, у которых большие пробелы именно с числительными. Если ребенок не посещает уроки математики на русском — это вполне нормально и предсказуемо. В результате можно встретить детей 10-12 лет, которые говорят на русском, могут выразиться и объясниться, но как доходит дело до чисел, то они могут не знать даже названий всех десятков. Именно поэтому в пособиях SUPER РУССКИЙ я уделяю внимание числительным на каждом уроке.
За числительными следует игра, которая, как правило, есть главный мотиватор ребенка при выполнении домашнего задания по русскому. Игры чередуются, они все очень легкие, кроме кроссвордов.

Когда вы закончите "SUPER Русский 1", можете продолжить заниматься русским языком с вашими билингвами по пособию "SUPER Русский 2". С его помощью дети закрепят навыки чтения, продолжат знакомиться с азами русской грамматики.

Эта книга входит в серию пособий "SUPER Русский", специально разработанных для детей билингвов, живущих за рубежом.

Вся серия:
"SUPER Русский - Азбука"
"SUPER Русский - Прописи"
"SUPER Русский 1"
"SUPER Русский 2"
"SUPER Русский 3"
"SUPER Русский 4"
"SUPER Русский - Маленькие истории про Антошу" - книга рассказов с упражнениями для развития речи, рекомендуется совмещать с учебником для 2го класса.
"SUPER Русский - Немаленькие истории про Антошу" - книга рассказов с упражнениями для развития речи, рекомендуется совмещать с учебником для 3го класса.

ГЛАСНЫЕ и СОГЛАСНЫЕ

ЧИТАЕМ ХОРОМ:

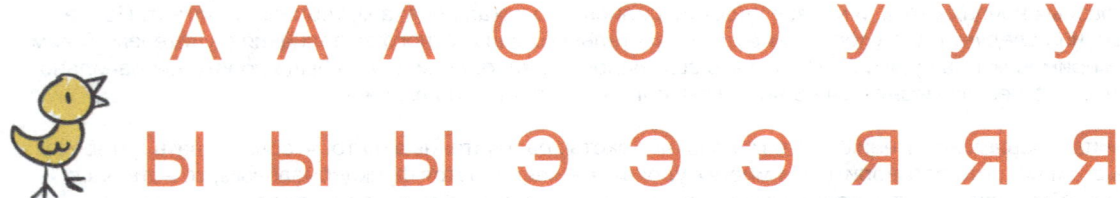

А А А А О О О О У У У
Ы Ы Ы Ы Э Э Э Э Я Я Я

ЧИТАЕМ ХОРОМ:

К Т П М С Г К С П

ЧИТАЕМ ПО ОЧЕРЕДИ:

Э К О Т Ы Т А М У П
Э М Ы С О Г А К У С
Ы П Э Г Ы С У М А К

ПИШЕМ ДИКТАНТ:

А _____

_____

ЭТО РУССКИЙ АЛФАВИТ. ПРОЧИТАЙ.

КРАСНЫЕ — ГЛАСНЫЕ
СИНИЕ — СОГЛАСНЫЕ

БОЛЬШИЕ
БУКВЫ ОБВЕДИ
КРАСНЫМ.

МАЛЕНЬКИЕ
БУКВЫ ОБВЕДИ
СИНИМ.

ЗНАКИ
ТВЁРДЫЙ
И МЯГКИЙ
ОБВЕДИ
СЕРЫМ.

А Б В Г Д
Е Ё Ж З И
Й К Л М Н
О П Р С Т
У Ф Х Ц Ч
Ш Щ Ъ Ы
Ь Э Ю Я

ПРОЧИТАЙ.

ВПИШИ БУКВЫ.

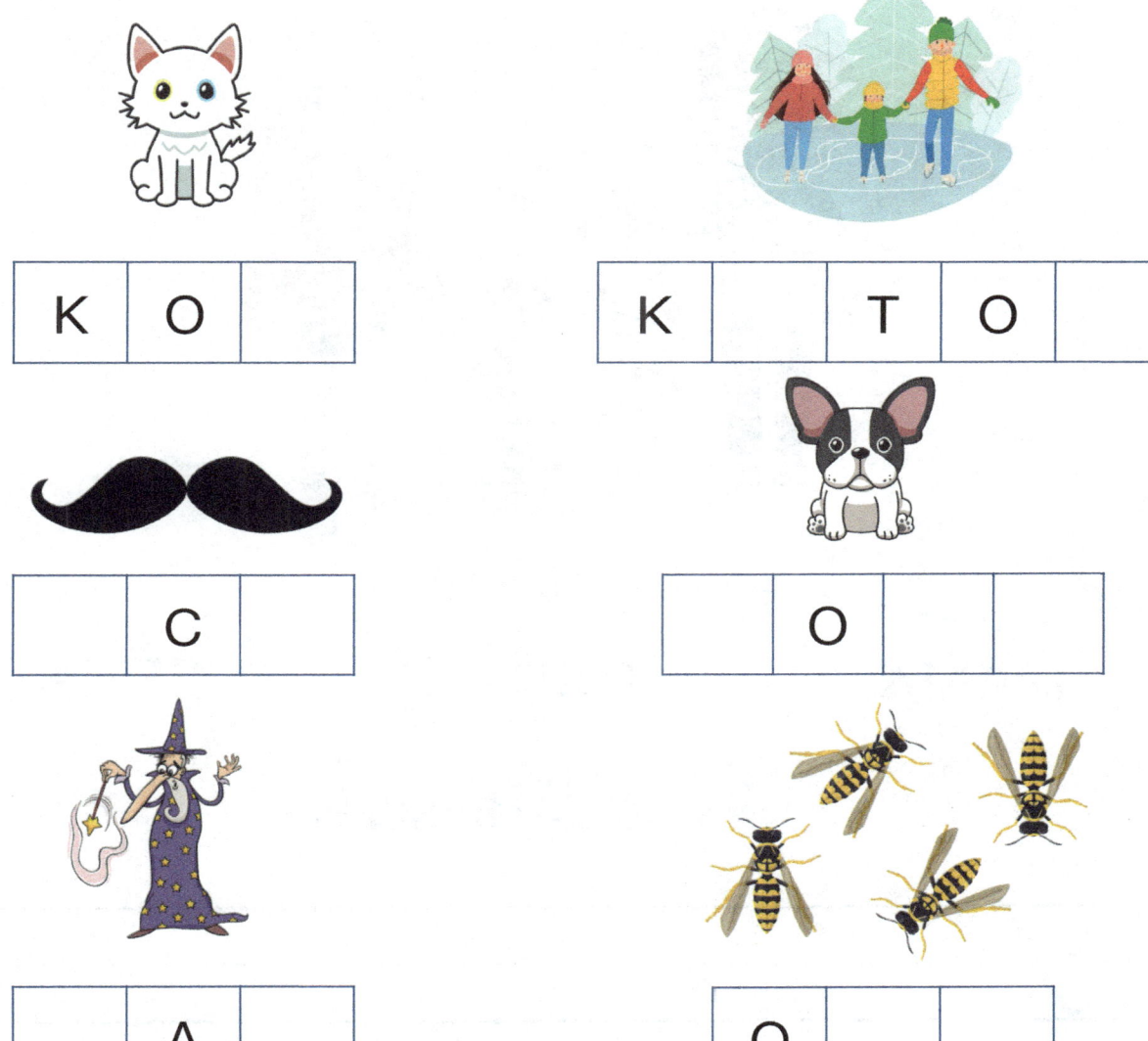

| К | О | |

| К | Т | О | |

| | С | |

| | О | | |

| | А | |

| | О | |

ПЕРЕПИШИ СЛОВА.

_____

_____

_____

ПРОЧИТАЙ. СОЕДИНИ СЛОВА С КАРТИНКАМИ.

МАМА   ПАПА   ДЕТИ

ОБВЕДИ БУКВЫ.

У

К

П

И

ПРОЧИТАЙ. СОЕДИНИ ЦИФРЫ СО СЛОВАМИ. ОБВЕДИ ЦИФРЫ И СЛОВА.

ОДИН   3

ДВА   1

ТРИ   2

СОЕДИНИ ТОЧКИ И РАСКРАСЬ.

СЛОГИ

ЧИТАЕМ ХОРОМ:

О О О О И И И Ы Ы Ы

 У У У Е Е Е Я Я Я

ЧИТАЕМ ХОРОМ:

М Л Д Н К В Й Т Д

ЧИТАЕМ ПО ОЧЕРЕДИ:

О К И Н А Д Ы М Е Л

Э М У Т О В Я Й И Д

Ы Й О Н Е К И Д У В

 **ПИШЕМ ДИКТАНТ:**

И

1 СЛОГ = 1 ГЛАСНАЯ + 0, 1, 2, 3, 4 СОГЛАСНЫЕ

ПРОЧИТАЙ СЛОГИ.

ОБВЕДИ ГЛАСНЫЕ **КРАСНЫМ**, А СОГЛАСНЫЕ **СИНИМ**.

ОЛ
ВА
УМ
АМ
ЛИ
СИ
ИН
НЕТ
ВО
ОН
ДА
ТО
ВОТ
ЛИН
ДЫ

ВПИШИ СЛОГИ В СЛОВА.

| М | Ы | | |

| ЛИ |
| КА |
| ДО |
| ЛО |
| КУК |
| ДА |

| | | М | И | К |

| В | О | | |

| | | М | О | Н |

| Л | О | Д | | |

| | | | Л | А |

8

ПРОЧИТАЙ.

РАСКРАСЬ ГЛАСНЫЕ КРАСНЫМ, А СОГЛАСНЫЕ СИНИМ.

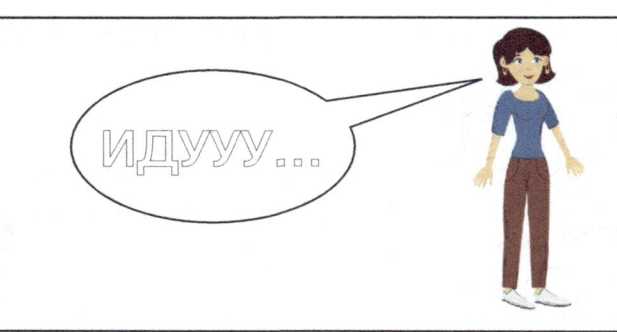

АБВГДЕЁЖЗИЙКЛМНОПРСТУФХЦЧШЩЪЫЬЭЮЯ

ПРОЧИТАЙ СЛОВА. СОЕДИНИ С КАРТИНКОЙ.

ЛУ НА ○   ○   ○ ГНО МИК

ЛУ ПА ○   ○ ДО МИК

ЛИ СА ○   ○ НО СОК

ЛИ МОН ○   ○ НО СИК

КАКОЕ СЛОВО БЕЗ КАРТИНКИ? ОБВЕДИ ЕГО.

ПРОЧИТАЙ.

ЗАМЕНИ КАРТИНКИ СЛОВАМИ.

У МЕНЯ _____

У МАМЫ _____

У АНИ _____

У ПАПЫ _____

У ВИКИ _____

СОСТАВЬ СЛОВА ИЗ СЛОГОВ.

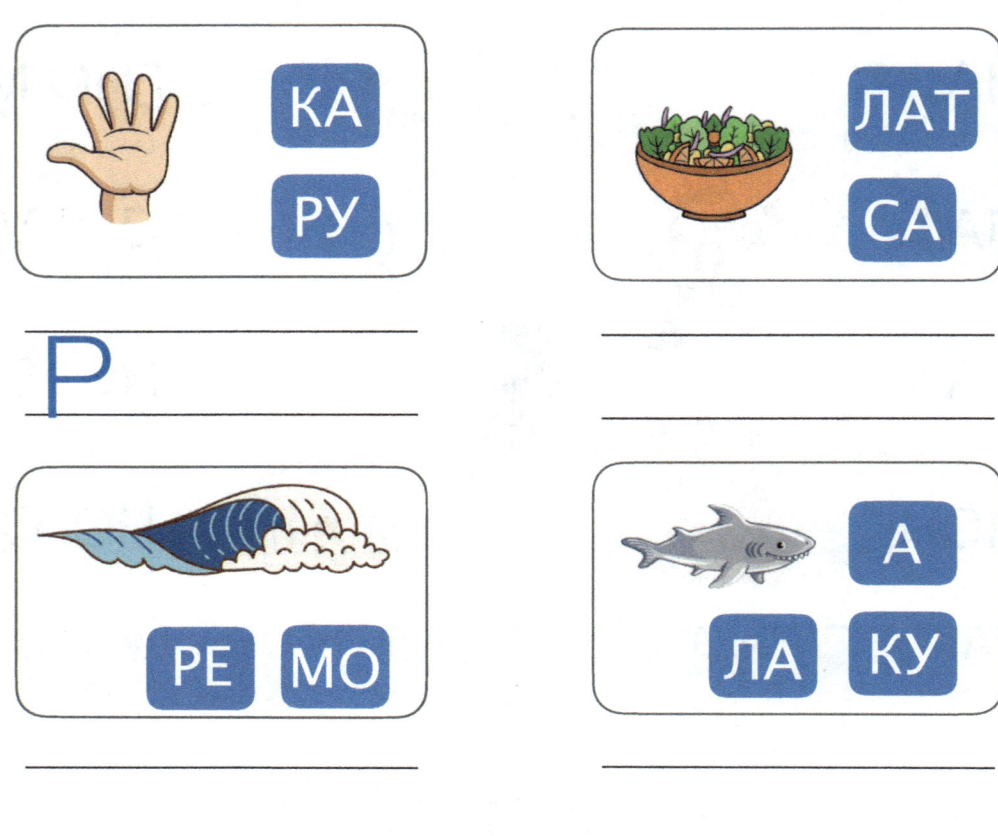

КА		ЛАТ
РУ		СА

Р _____

_____

РЕ МО		А
		ЛА КУ

_____

_____

ОБВЕДИ БУКВЫ.

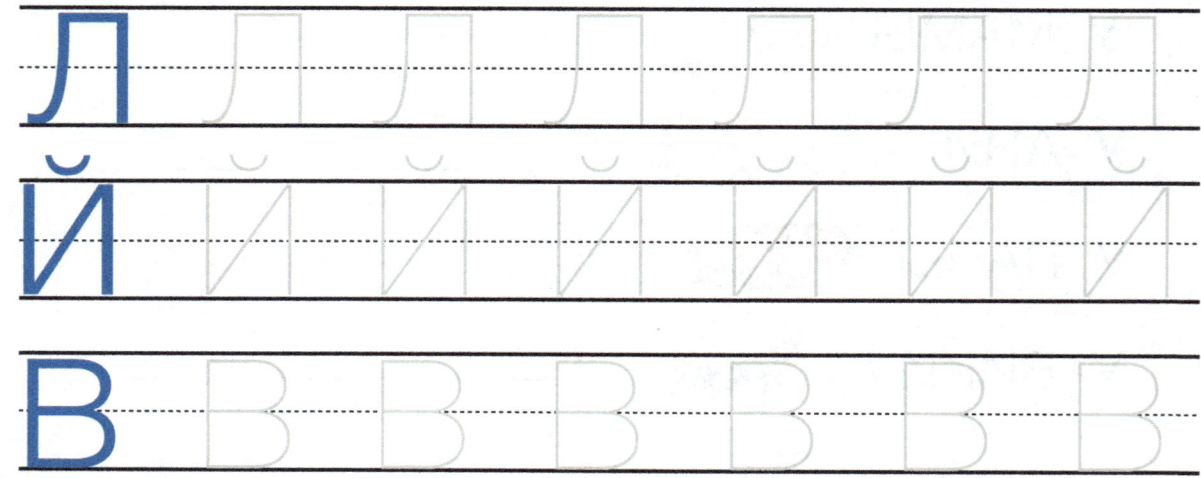

Л

Й

В

ПРОЧИТАЙ. СОЕДИНИ ЦИФРЫ СО СЛОВАМИ.

ОБВЕДИ ЦИФРЫ И СЛОВА.

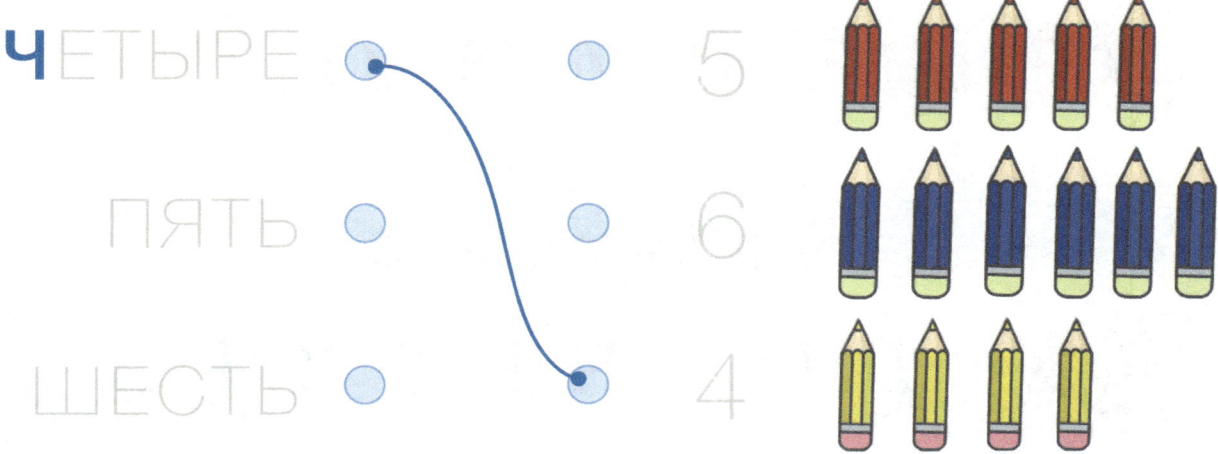

ЧЕТЫРЕ ● ● 5

ПЯТЬ ● ● 6

ШЕСТЬ ● ● 4

СОЕДИНИ ТОЧКИ КАК В ПРИМЕРЕ.

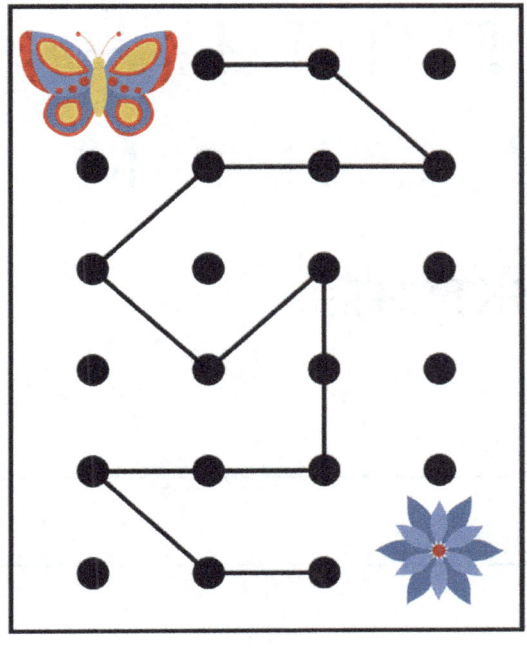
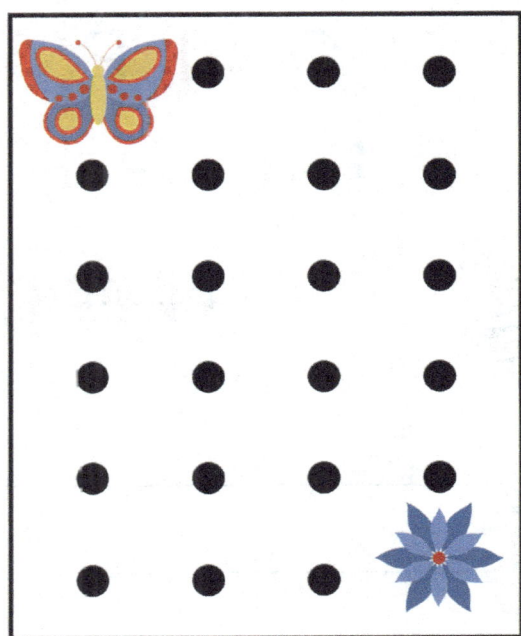

ЧИТАЕМ ХОРОМ:

О О О О Ы Ы Ы У У У

Ё Ё Ё И И И И Ю Ю Ю

ЧИТАЕМ ХОРОМ:

Д П Ч Р Б Г Х Т З

ЧИТАЕМ ПО ОЧЕРЕДИ:

Ю Д И Х А Б Ё Г Ы З

У С Ы Р О Г Я Т И Ч

Ё Б О Р Е З Ю П У М

ПИШЕМ ДИКТАНТ:

Ы

А Б В Г Д Е Ё Ж З И Й К Л М Н О П Р С Т У Ф Х Ц Ч Ш Щ Ъ Ы Ь Э Ю Я

ВСПОМНИМ!
СКОЛЬКО ГЛАСНЫХ В ОДНОМ СЛОГЕ?
А СКОЛЬКО СОГЛАСНЫХ? (СТРАНИЦА 8)

ПРОЧИТАЙ. ОБВЕДИ СЛОГИ.

ИЛ   ТЗ   БО   АУ   ЗДР   БРАТ

А   МЁ   АР   ДЫМ   ЮГ   СНЫ   ЭЛ

1 СЛОВО = 1, 2, 3, 4 и > СЛОГОВ
СКОЛЬКО ГЛАСНЫХ = столько СЛОГОВ

ПРОЧИТАЙ СЛОВА. ПОДЧЕРКНИ КРАСНЫМ ГЛАСНЫЕ. РАЗДЕЛИ СЛОВА НА СЛОГИ СЛОГИ. СОЕДИНИ С КАРТИНКОЙ. СКОЛЬКО СЛОГОВ В КАЖДОМ СЛОВЕ?

РОЗА	2			ЁЖ	
ЛЁД				ЧЕТЫРЕ	
ЛЮДИ				ОСА	
ЮБКА				РЮКЗАК	
МАЛИНА				АКУЛА	
ЛЁТЧИК				БАНАН	

14

ПРОЧИТАЙ.

ПРОЧИТАЙ.

ЗАМЕНИ КАРТИНКИ СЛОВАМИ.

КАТОК — ЭТО ☐☐☐ .

☐☐☐☐☐☐ НА ПЛЕЧЕ.

☐☐☐ ЛЮБИТ МЁД.

☐☐☐☐ В ВАЗЕ.

У МАМЫ 4 ☐☐☐☐☐ БАНАНА.

У ТАНИ ☐☐☐☐ .

16

СОСТАВЬ СЛОВА ИЗ СЛОГОВ.

КА
ЮБ

_____

МОН
ЛИ

_____

СА
ЛИ

_____

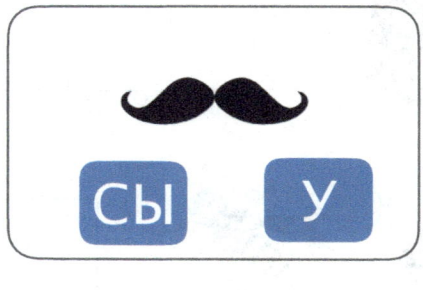

СЫ   У

_____

ОБВЕДИ БУКВЫ.

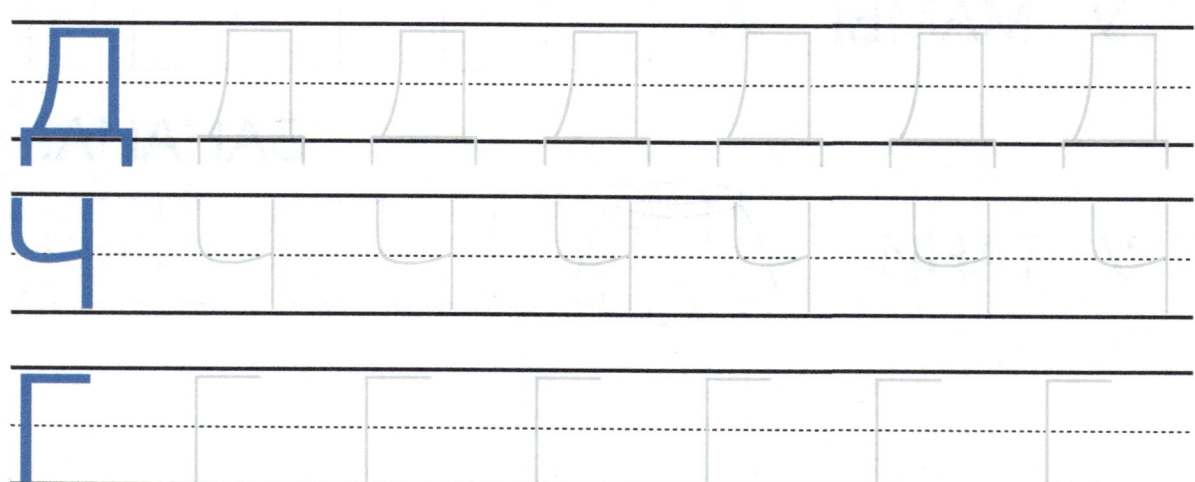

ПРОЧИТАЙ. СОЕДИНИ ЦИФРЫ СО СЛОВАМИ.

ОБВЕДИ ЦИФРЫ И СЛОВА.

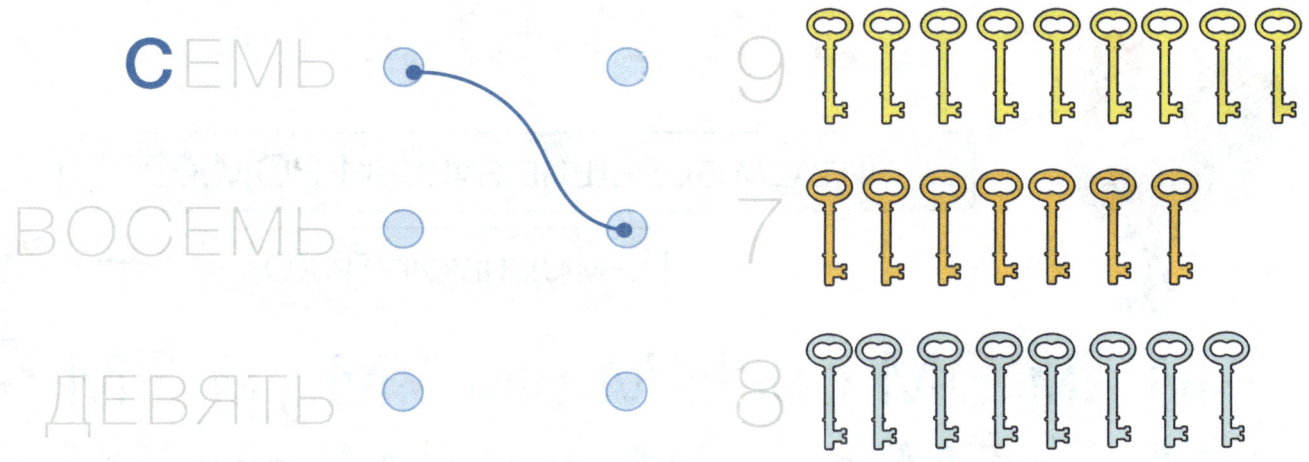

СЕМЬ ● ● 9

ВОСЕМЬ ● ● 7

ДЕВЯТЬ ● ● 8

ЧТО БУДЕТ ЕСТЬ ОБЕЗЬЯНКА?

ПРОЙДИ ПО ЛАБИРИНТУ, ОБВЕДИ СЛОВО.

МЯСО

ЦВЕТЫ

БАНАН

УДАРЕНИЕ

ЧИТАЕМ ХОРОМ:

А О Ы У Э

Я Ё И Ю Е

ЧИТАЕМ БОЛЬШИЕ БУКВЫ **ГРОМКО**

МАЛЕНЬКИЕ **ТИХО**

АМ ам **ОМ** ом **ЫМ** ым **УМ** ум **ЭМ** эм
ЯМ ям **ЁМ** ём **ИМ** им **ЮМ** юм **ЕМ** ем

БОЛЬШИЕ — **ГРОМКО**

МАЛЕНЬКИЕ — **ТИХО**

АР ар **ОР** ор **ЫР** ыр **УР** ур **ЭР** эр
ЯР яр **ЁР** ёр **ИР** ир **ЮР** юр **ЕР** ер

ПИШЕМ ДИКТАНТ:

_____

_____

_____

Сбоку вертикально: А Б В Г Д Е Ё Ж З И Й К Л М Н О П Р С Т У Ф Х Ц Ч Ш Щ Ъ Ы Ь Э Ю Я

САМЫЙ **СИЛЬНЫЙ** 💪 СЛОГ = **УДАРНЫЙ**

МАЛИ́НА　　ОСА́　　АКУ́ЛА　　БАНА́Н

ЗАЙКА ХОЧЕТ ЛЕЧИТЬ ЛЮДЕЙ, КОГДА ВЫРАСТЕТ.
ДЛЯ ЭТОГО ЕМУ НУЖНО ВЫУЧИТЬ, КАК НАЗЫВАЮТСЯ
НАШИ ЧАСТИ ТЕЛА. ПОМОГИ ЕМУ!

**ПОДЧЕРКНИ КРАСНЫМ ГЛАСНЫЕ.
РАЗДЕЛИ СЛОВА НА СЛО ГИ.
ПОСТАВЬ УДАРЕНИЕ.**

НО|ГА́　　　РОТ　　　ЗУ БЫ　　　ГЛАЗ

　　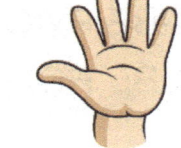　　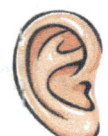　　

Я ЗЫК　　　РУ КА　　　У ХО　　　ВО ЛО СЫ

ПРОЧИТАЙ.

А ПОКА ЗАЙКА ТРЕНИРУЕТСЯ НА МОНСТРИКАХ.

ВОТ, ЧТО Я ПРО НИХ НАПИСАЛ.

ЭТО ГОГО.
ЕМУ 7 ЛЕТ.

У НЕГО ДВА ГЛАЗА,
ДВА ЗУБА,
ЖИВОТА НЕТ.

ЭТО ФИФИ.
ЕЙ 6 ЛЕТ.

У НЕЁ ДВА ГЛАЗА,
ОДИН ЗУБ,
ДВЕ РУКИ,
НОГ НЕТ.

ЭТО ЖУЖУ.
ЕМУ 6 ЛЕТ.

У НЕГО ОДИН ГЛАЗ,
МНОГО ЗУБОВ,
ДВЕ РУКИ
ДВЕ НОГИ.

ПОДПИШИ ЧАСТИ ТЕЛА У МАЛЬЧИКА.

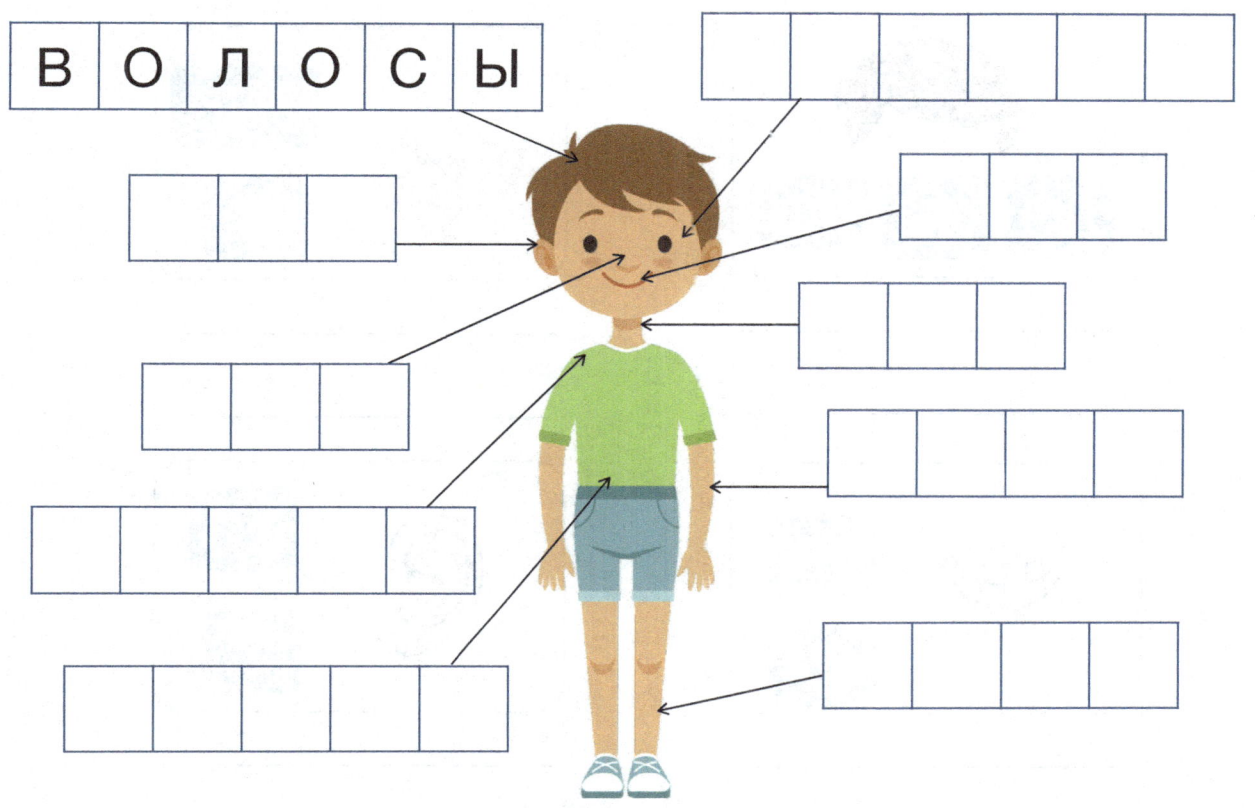

| В | О | Л | О | С | Ы |

ГОЛОВА ВОЛОСЫ УХО НОС РОТ ШЕЯ ПЛЕЧО РУКА НОГА ЖИВОТ

НАПИШИ ТВОЙ РАССКАЗ О МОНСТРИКЕ.

ЭТО _____

ЕЙ ___ ЛЕТ

У НЕЁ _____ ГЛАЗ,

_____ ВОЛОС,

_____ ЗУБОВ,

ДВЕ _____,

ДВЕ _____.

СОСТАВЬ СЛОВА ИЗ СЛОГОВ.

ЛО СЫ ВО

_____

_____

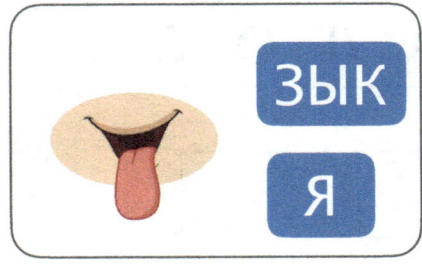

ЗЫК
Я

_____

_____

БЫ
ЗУ

_____

_____

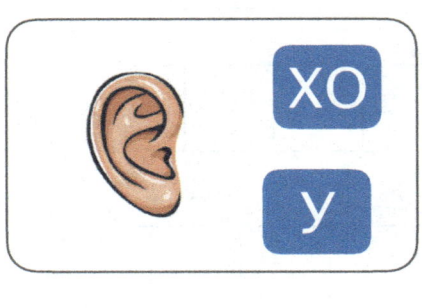

ХО
У

_____

_____

ОБВЕДИ БУКВЫ.

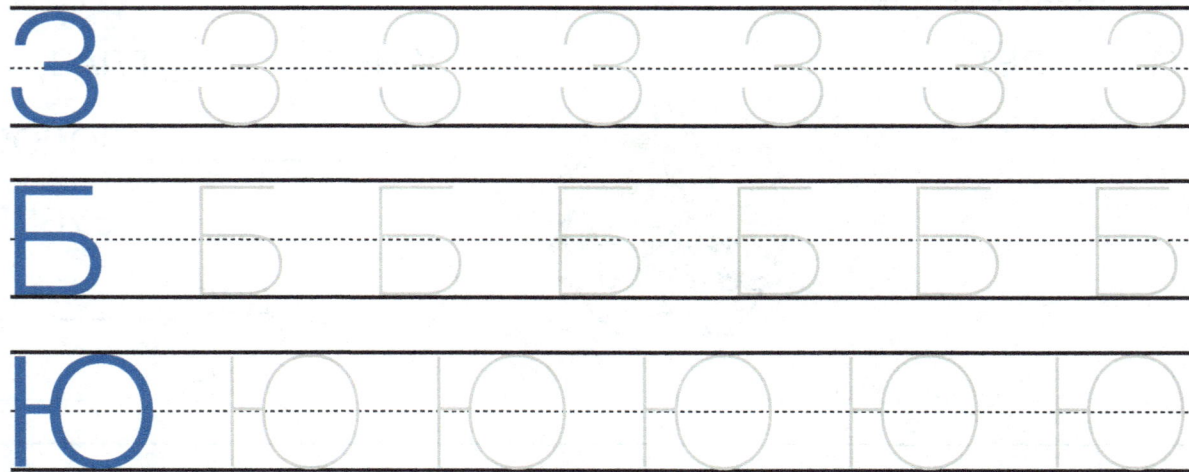

З З З З З З З

Б Б Б Б Б Б Б

Ю Ю Ю Ю Ю Ю Ю

ПРОЧИТАЙ. СОЕДИНИ ЦИФРЫ СО СЛОВАМИ.

ОБВЕДИ ЦИФРЫ И СЛОВА.

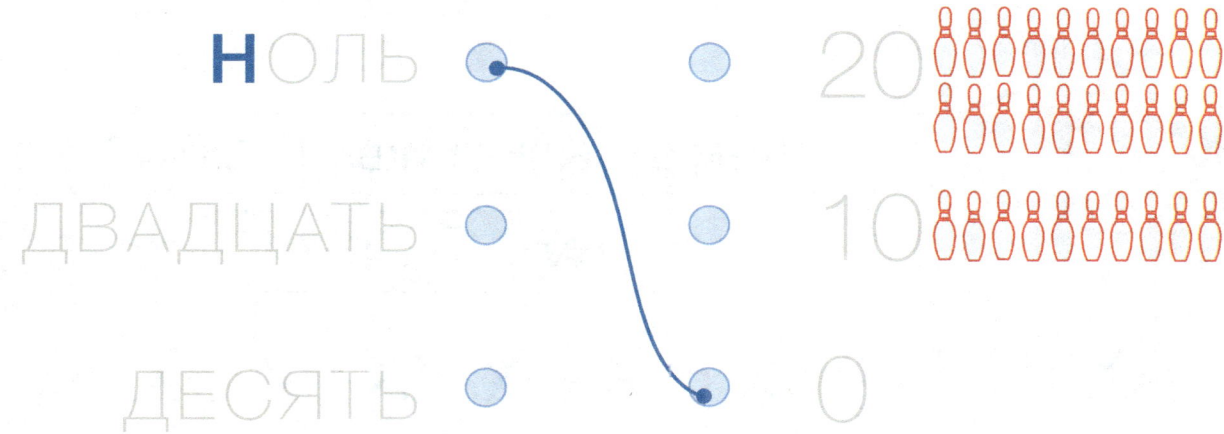

НОЛЬ   20

ДВАДЦАТЬ   10

ДЕСЯТЬ   0

НАЙДИ ТЕНЬ.

СЛОГИ и УДАРЕНИЕ

ЧИТАЕМ ХОРОМ:

А О Ы У Э

Я Ё И Ю Е

ЧИТАЕМ БОЛЬШИЕ БУКВЫ ГРОМКО

МАЛЕНЬКИЕ ТИХО

АХ ах ОХ ох ЫХ ых УХ ух ЭХ эх
ЯХ ях ЁХ ёх ИХ их ЮХ юх ЕХ ех

БОЛЬШИЕ — ГРОМКО

МАЛЕНЬКИЕ — ТИХО

АП ап ОП оп ЫП ып УП уп ЭП эп
ЯП яп ЁП ёп ИП ип ЮП юп ЕП еп

ПИШЕМ ДИКТАНТ:

_____

_____

_____

ПОМОГИ ЗАЙКЕ ПОНЯТЬ, ЧТО У КОГО?

ПОДЧЕРКНИ КРАСНЫМ ГЛАСНЫЕ.
РАЗДЕЛИ СЛОВА НА СЛО ГИ.
ПОСТАВЬ УДАРЕНИЕ.

САША

ТИГР

РУ КА́	+	—
НО ГА		
ЛА ПА		
РОТ		
ПАСТЬ		
ЗУ БЫ		
КЛЫ КИ		
ЛИ ЦО		
МОР ДА		
ВО ЛО СЫ		
ШЕРСТЬ		

А Б В Г Д Е Ё Ж З И Й К Л М Н О П Р С Т У Ф Х Ц Ч Ш Щ Ъ Ы Ь Э Ю Я

ПРОЧИТАЙ ФРАЗЫ.

ОБВЕДИ **ДА**, ЕСЛИ ОНИ ВЕРНЫЕ,

ОБВЕДИ **НЕТ**, ЕСЛИ ОНИ НЕВЕРНЫЕ.

У ТИГРА ЧЕТЫРЕ ЛАПЫ.
АЖ ЧЕТЫРЕ!?
ОГО!

ДА   НЕТ

У САШИ ДВЕ РУКИ И ДВЕ НОГИ.
НУ, ДА, КАЖЕТСЯ….

ДА   НЕТ

У САШИ - МОРДА.
ОЙ!

ДА   НЕТ

У ТИГРА - ДЛИННЫЕ ВОЛОСЫ.
ХА-ХА-ХА!

ДА   НЕТ

СЛОГИ РАССЫПАЛИСЬ. СОБЕРИ СЛОВА.

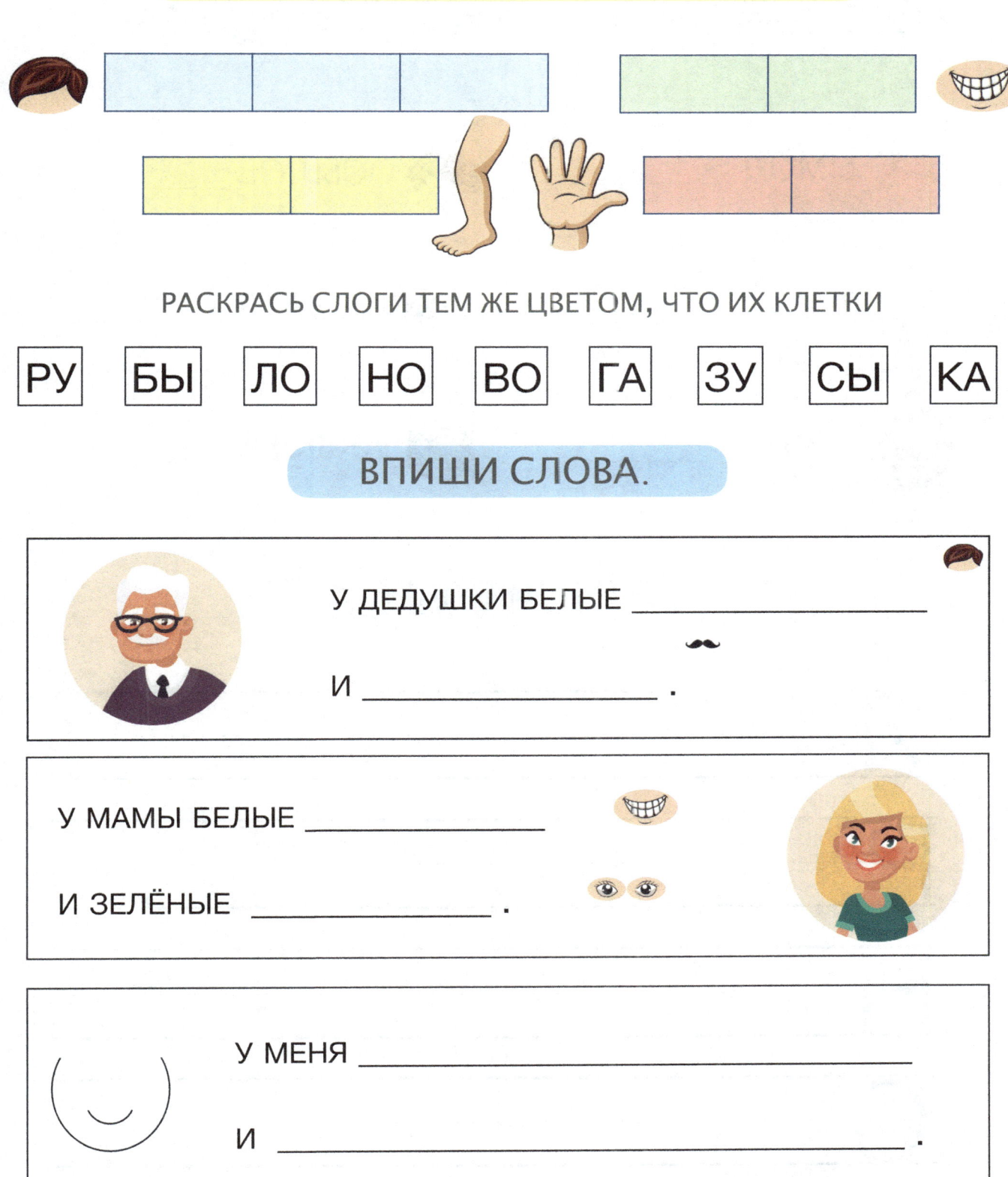

РАСКРАСЬ СЛОГИ ТЕМ ЖЕ ЦВЕТОМ, ЧТО ИХ КЛЕТКИ

РУ БЫ ЛО НО ВО ГА ЗУ СЫ КА

ВПИШИ СЛОВА.

У ДЕДУШКИ БЕЛЫЕ _____

И _____ .

У МАМЫ БЕЛЫЕ _____

И ЗЕЛЁНЫЕ _____ .

У МЕНЯ _____

И _____ .

ПОМЕНЯЙ ПОРЯДОК БУКВ, ЗАПИШИ СЛОВА.

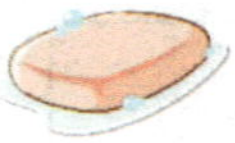

ЫМОЛ _____   ОСЫЛОВ _____

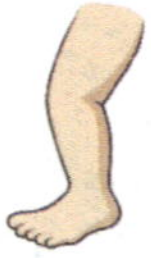

ГАНО _____   ЗАГЛ _____

ЯЧМ _____   АКЗЮРК _____

ОБВЕДИ БУКВЫ.

Я Я Я Я Я Я Я Я Я Я Я

Р Р Р Р Р Р Р Р Р Р

Н Н Н Н Н Н Н Н Н Н

С С С С С С С С С С

ПРОЧИТАЙ. СОЕДИНИ ЦИФРЫ СО СЛОВАМИ.

ОБВЕДИ ЦИФРЫ И СЛОВА.

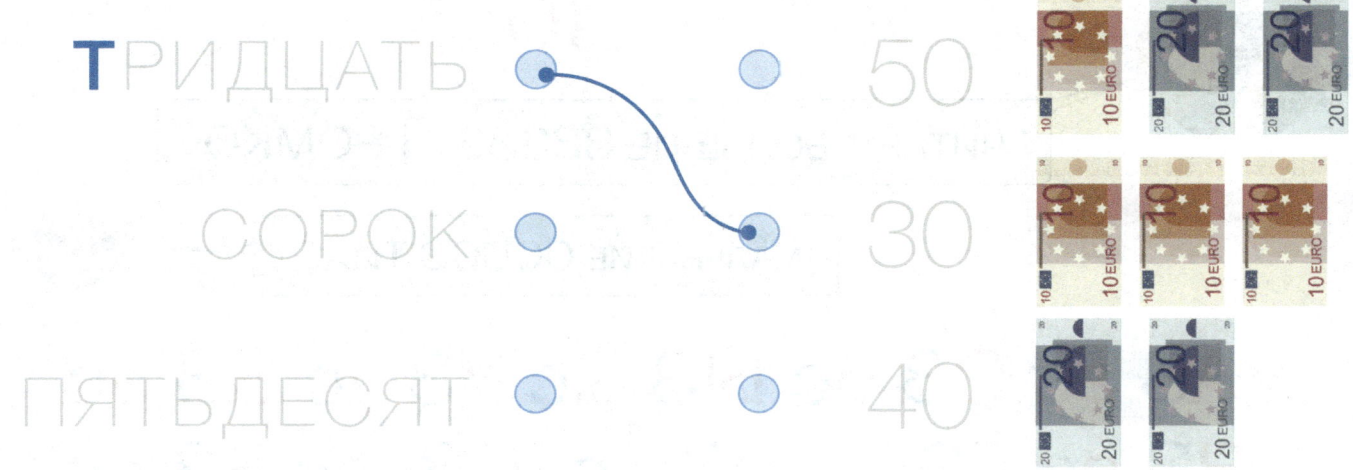

ТРИДЦАТЬ ○——○ 50

СОРОК ○——○ 30

ПЯТЬДЕСЯТ ○ ○ 40

РЕШИ КРОССВОРД.

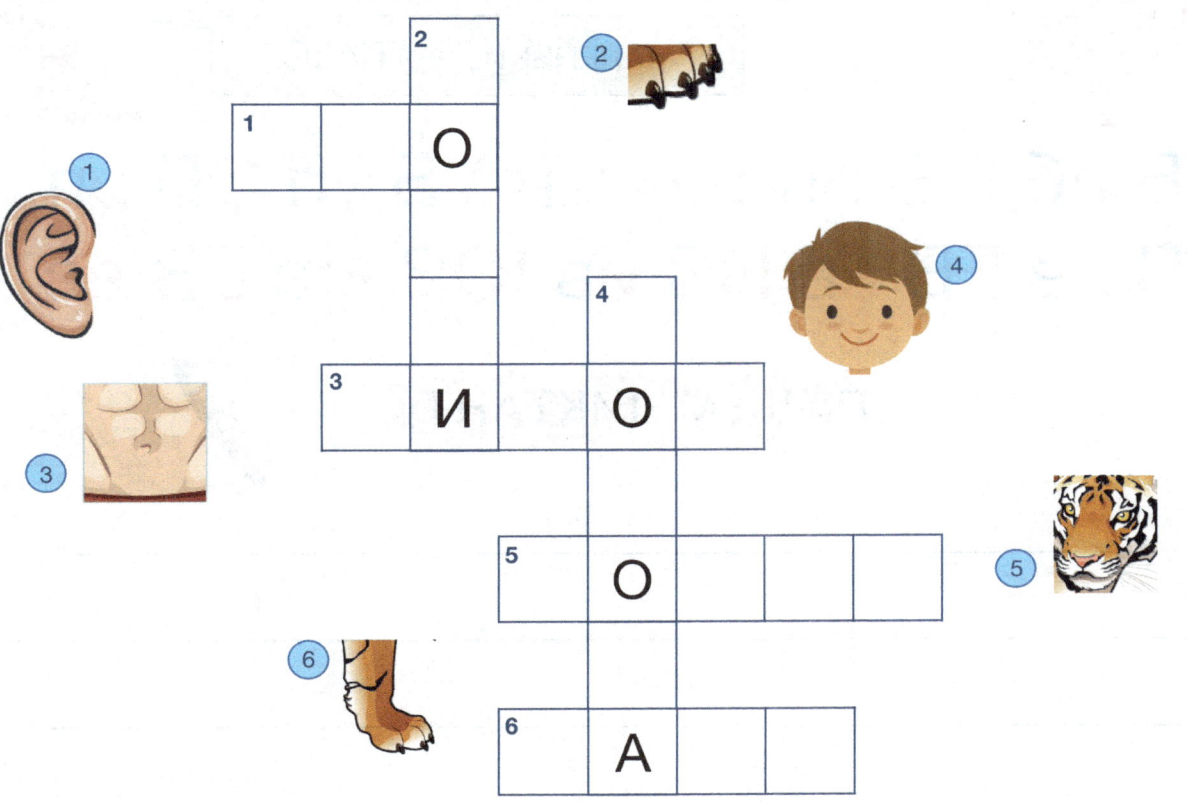

ЧИТАЕМ ХОРОМ:

А О Ы У Э

Я Ё И Ю Е

ЧИТАЕМ БОЛЬШИЕ ЗЗЗЗЗ ГРОМКО

МАЛЕНЬКИЕ СССССС ТИХО

АЗ ас ОЗ ос ЫЗ ыс УЗ ус ЭЗ эс
ЯЗ яс ЁЗ ёс ИЗ ис ЮЗ юс ЕЗ ес

БОЛЬШИЕ — ГРОМКО

МАЛЕНЬКИЕ — ТИХО

АБ аб ОБ оп ЫБ ып УБ уп ЭБ эп
ЯВ яв ЁВ ёв ИВ ив ЮВ юв ЕВ ев

ПИШЕМ ДИКТАНТ:

БУКВЫ и ЗВУКИ

пишу

читаю

говорю

слышу

БУКВА О ЕСЛИ <u>БЕЗ</u> УДАРЕНИЯ = ЗВУК А

БУКВА Е ЕСЛИ <u>БЕЗ</u> УДАРЕНИЯ = ЗВУК И

ПРОЧИТАЙ.

ПОДЧЕРКНИ ВСЕ ГЛАСНЫЕ.

ПОСТАВЬ УДАРЕНИЕ. ОБРАТИ ВНИМАНИЕ,

КАК ЧИТАЮТСЯ ГЛАСНЫЕ БЕЗ УДАРЕНИЯ.

ГОРА

ДЕРЕВО

ВОДА

РЕКА

ПРОЧИТАЙ.

ВОТ ГОРА.

РЯДОМ ЕЩЁ ОДНА ГОРА.

И ЕЩЁ ОДНА ГОРА.

С ГОРЫ ТЕЧЁТ РЕКА.

СПРАВА ОТ РЕКИ РАСТЁТ ОДНО ДЕРЕВО.

СЛЕВА ОТ РЕКИ РАСТУТ ДВА ДЕРЕВА.

ПРОЧИТАЙ.

РАСКРАСЬ ГЛАСНЫЕ, КОТОРЫЕ ЧИТАЮТСЯ НЕ ТАК, КАК ПИШУТСЯ.

Г О Р А

Д Е Р Е В О

О В Ц А

Ч Е Р Е П А Х А

С А П О Г И

В Е Л О С И П Е Д

К О Р О В А

Т Р А К Т О Р

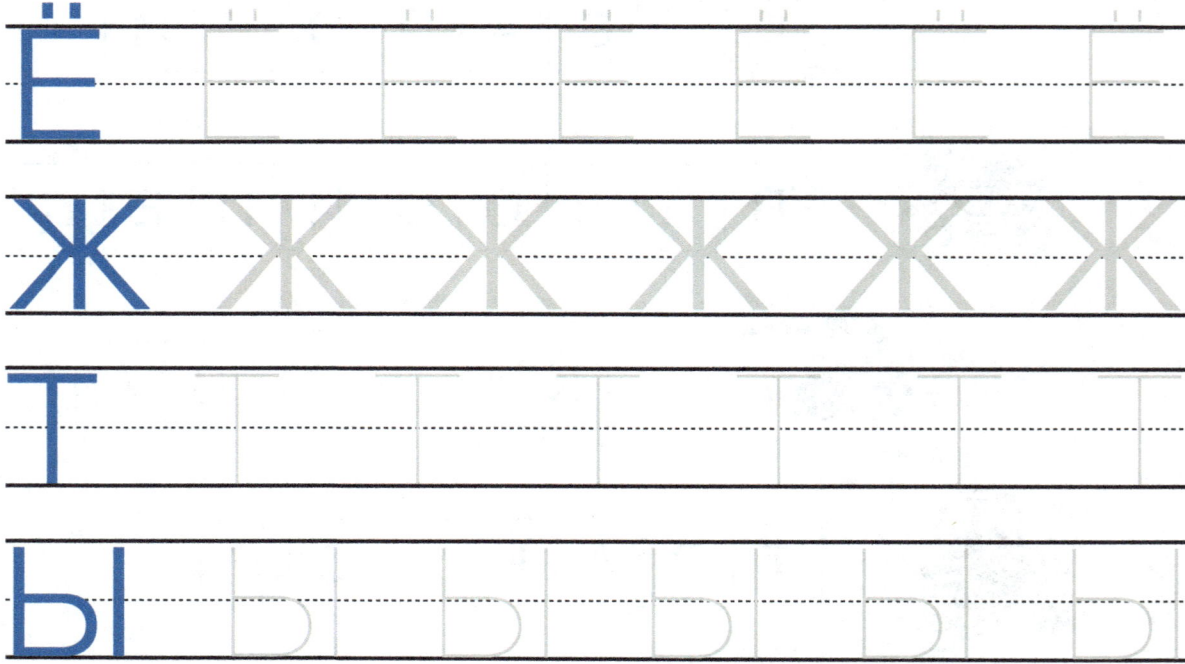

Урок 6

ПОМЕНЯЙ ПОРЯДОК БУКВ, ЗАПИШИ СЛОВА.

ЖЁ _____

БОАКЛО _____

ГАОР _____

ЕДЕРОВ _____

ЧЕЛПА _____

АНБАН _____

ОБВЕДИ БУКВЫ.

Ё

Ж

Т

Ы

35

ПРОЧИТАЙ. СОЕДИНИ ЦИФРЫ СО СЛОВАМИ.
ОБВЕДИ ЦИФРЫ И СЛОВА.

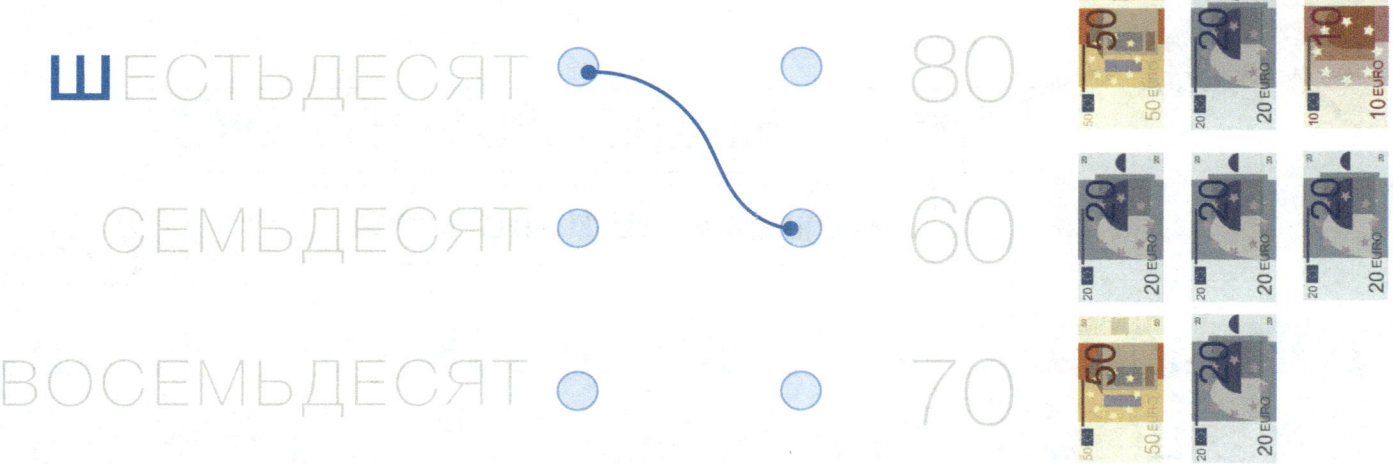

ШЕСТЬДЕСЯТ ●   ● 80

СЕМЬДЕСЯТ ●   ● 60

ВОСЕМЬДЕСЯТ ●   ● 70

СОЕДИНИ ТОЧКИ И РАСКРАСЬ.

ЗНАКИ ПРЕПИНАНИЯ

ЧИТАЕМ ХОРОМ:

А О Ы У Э

Я Ё И Ю Е

ЧИТАЕМ БОЛЬШИЕ ЖЖЖЖ ГРОМКО

МАЛЕНЬКИЕ ШШШШ ТИХО

АЖ аш ОЖ ош ЫЖ ыш УЖ уш ЭЖ эш

ЯЖ яш ЁЖ ёш ИЖ иш ЮЖ юш ЕЖ еш

БОЛЬШИЕ — ГРОМКО

МАЛЕНЬКИЕ — ТИХО

АЛ ал ОЛ ол ЫЛ ыл УЛ ул ЭЛ эл

ЯЛ ял ЁЛ ёл ИЛ ил ЮЛ юл ЕЛ ел

ПИШЕМ ДИКТАНТ:

_____

_____

_____

ТОЧКА.
ВОПРОСИТЕЛЬНЫЙ ЗНАК?
ВОСКЛИЦАТЕЛЬНЫЙ ЗНАК!

ОБВЕДИ ЗНАКИ ПРЕПИНАНИЯ. ПРОЧИТАЙ С ИНТОНАЦИЕЙ.

Я ХОЖУ В ШКОЛУ.

ТЫ ХОДИШЬ В ШКОЛУ?

ОНА УЖЕ ХОДИТ В ШКОЛУ!

МЫ ХОДИМ В ШКОЛУ.

ВЫ ХОДИТЕ В ШКОЛУ?

ОНИ ЕЩЁ НЕ ХОДЯТ В ШКОЛУ!

ПРОЧИТАЙТЕ ПО РОЛЯМ.

 Привет!

 Привет.

 Ты куда?

 Я в парк!

 Класс!

 А ты куда?

 Я домой.

 А ты не хочешь в парк?

 Хочу! Но мне надо делать математику.

 А ты после математики приходи!

 Хорошо! Я постараюсь!

ПРОЧИТАЙ. ПОСТАВЬ ТОЧКУ, ВОПРОСИТЕЛЬНЫЙ ИЛИ ВОСКЛИЦАТЕЛЬНЫЙ ЗНАК.

Что они смотрят__

Они смотрят
телевизор__

Куда вы
идёте__

Мы идём в кино__

Можно с
вами__

Да__
Конечно__

ИЗМЕНИ ВЫДЕЛЕННУЮ БУКВУ.

ЗАПИШИ НОВЫЕ СЛОВА.

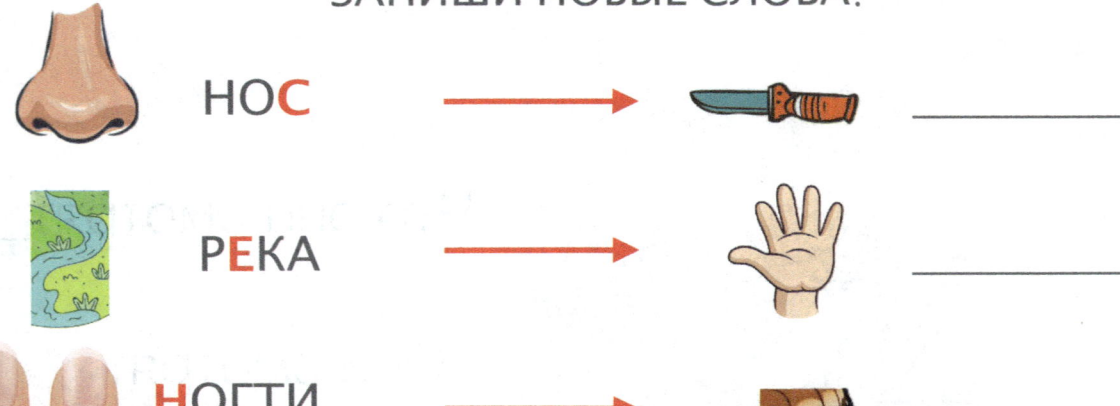

НО**С** ⟶ _____

Р**Е**КА ⟶ _____

НОГТИ ⟶ _____

ОБВЕДИ ЗНАКИ И БУКВЫ.

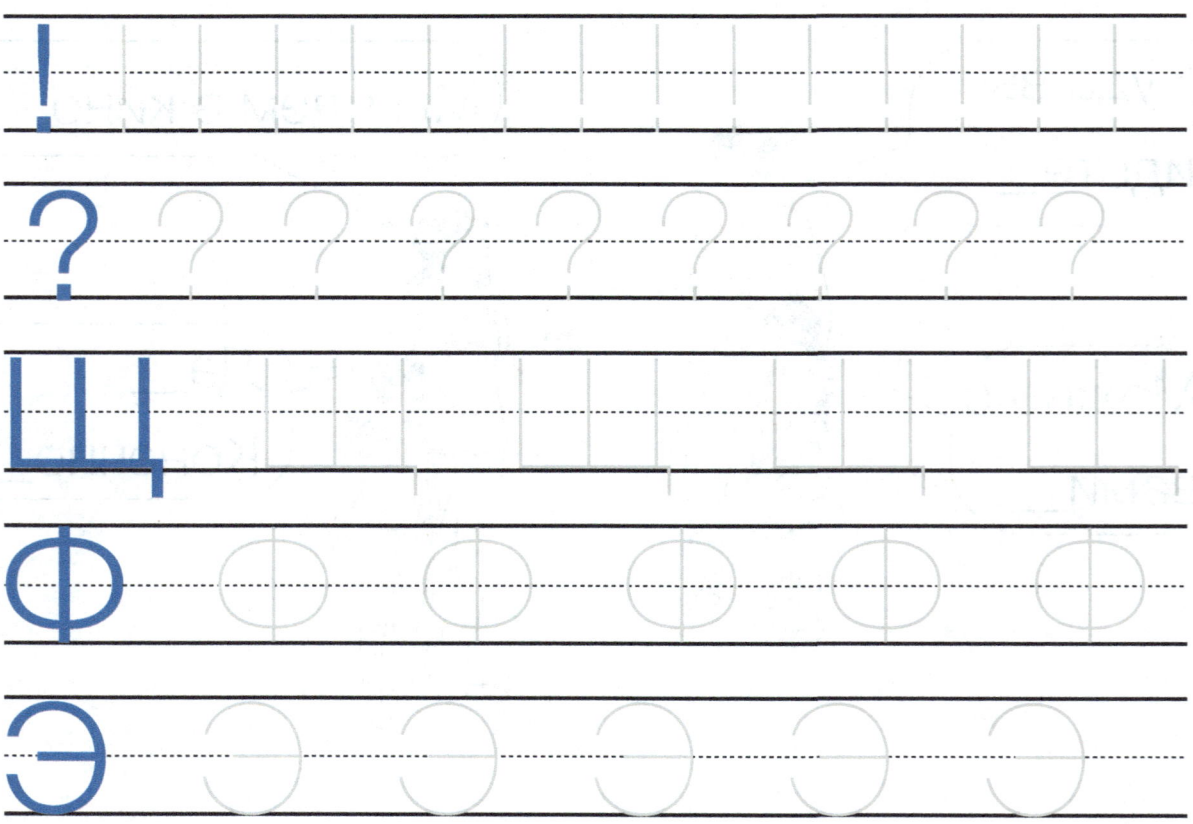

ПРОЧИТАЙ. СОЕДИНИ ЦИФРЫ СО СЛОВАМИ.

ОБВЕДИ ЦИФРЫ И СЛОВА.

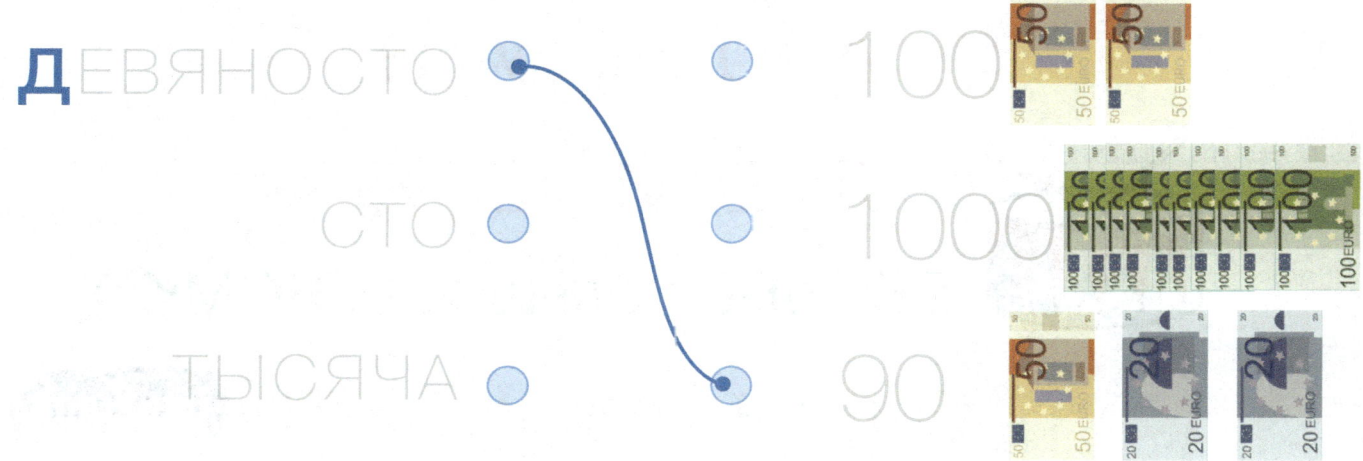

ДЕВЯНОСТО   100

СТО   1000

ТЫСЯЧА   90

СОЕДИНИ ТОЧКИ КАК В ПРИМЕРЕ.

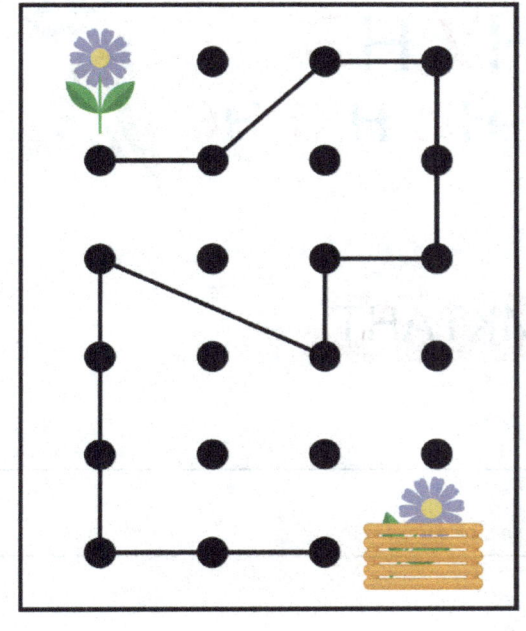

ТВЁРДЫЕ и МЯГКИЕ СОГЛАСНЫЕ 1

ЧИТАЕМ ХОРОМ:

А О Ы У Э

Я Ё И Ю Е

БББББ БОЛЬШИЕ - ГРОМКО

ПППП МАЛЕНЬКИЕ ТИХО

БА па БО по БЫ пы БУ пу БЭ пэ
БЯ пя БЁ пё БИ пи БЮ пю БЕ пе

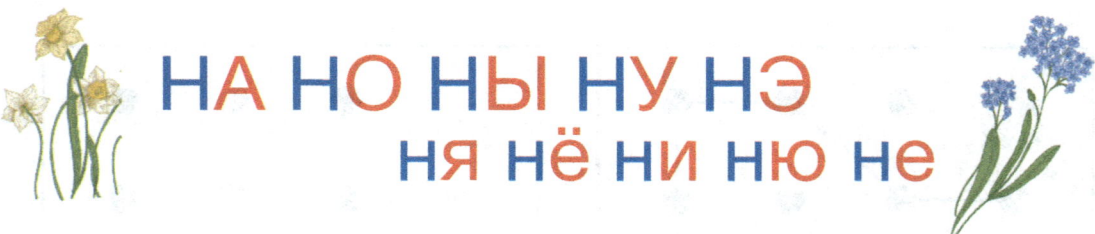

НА НО НЫ НУ НЭ
ня нё ни ню не

ПИШЕМ ДИКТАНТ:

_____

_____

_____

43

ТВЁРДЫЕ	Б	П	Н
МЯГКИЕ	Б'	П'	Н'

Прочитай. Первый звук – твёрдый или мягкий?
обведи **твёрдые** согласные синим, а **мягкие** — зелёным.

БОРЩ	**П**АУК	**Н**АРЦИСС
БИЛЕТ	**П**ЯТЬ	**Н**ЕБО
БАНАН	**П**УГАЛО	**Н**ЫРЯТЬ
БЕГЕМОТ	**П**ИЦЦА	**Н**ЯНЯ

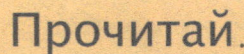 Прочитай.

Привет!

Как дела?

Монстрики хотят взять у тебя интервью.
Ответь на их вопросы. Обведи твой ответ.

Что тебе нравится больше?

борщ    или    пицца

Что тебе нравится больше?

банан    или    персик

Что тебе нравится больше?

нарцисс    или    незабудка

Перепиши слова.

Первый звук мягкий или твёрдый?
Раскрась клетки с первым мягким звуком зелёным,
а клетки с первым твёрдым звуком синим.

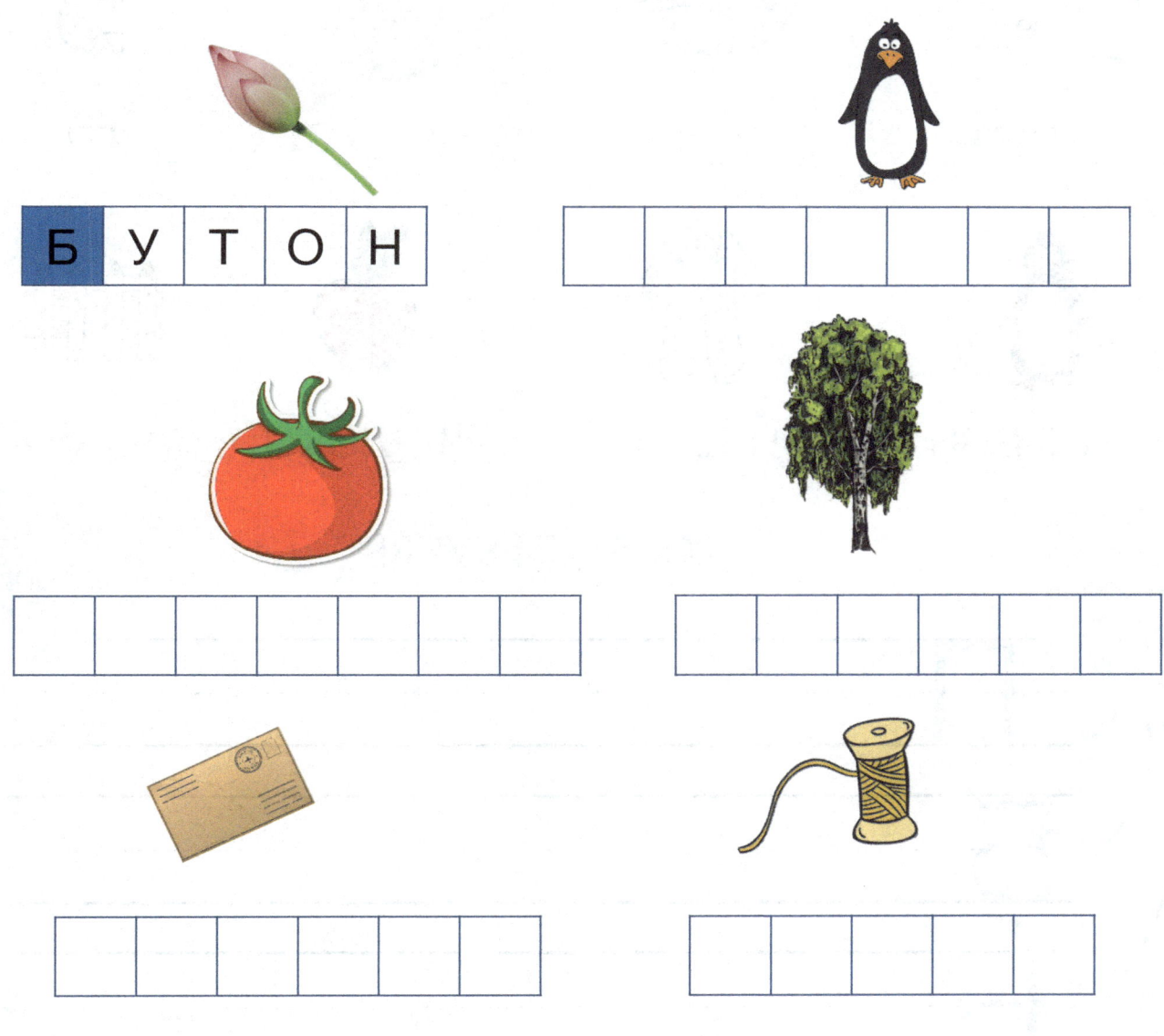

| Б | У | Т | О | Н |

БУТОН ~~ПИНГВИН~~ ПОМИДОР ПИСЬМО БЕРЁЗА НИТКИ

Урок 8

ВПИШИ НУЖНУЮ БУКВУ.

Б ИЛИ **П**

__ИЛЕТ

ГУ__Ы

КА __УСТА

__ЯТЬ

__ИНГВИН

__ИЖАМА

Я__ЛОКО

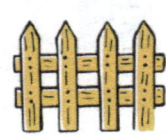

ЗА __БОР

ОБВЕДИ БУКВЫ.

ЭТО ЗАГЛАВНЫЕ БУКВЫ

ЭТО ПРОПИСНЫЕ БУКВЫ

П п п п п п п п

Б б б б б б б

Ъ ъ ъ ъ ъ ъ ъ

Ц ц ц ц ц ц ц ц ц ц

ПРОЧИТАЙ. СОЕДИНИ ЦИФРЫ СО СЛОВАМИ.

ОБВЕДИ ЦИФРЫ И СЛОВА.

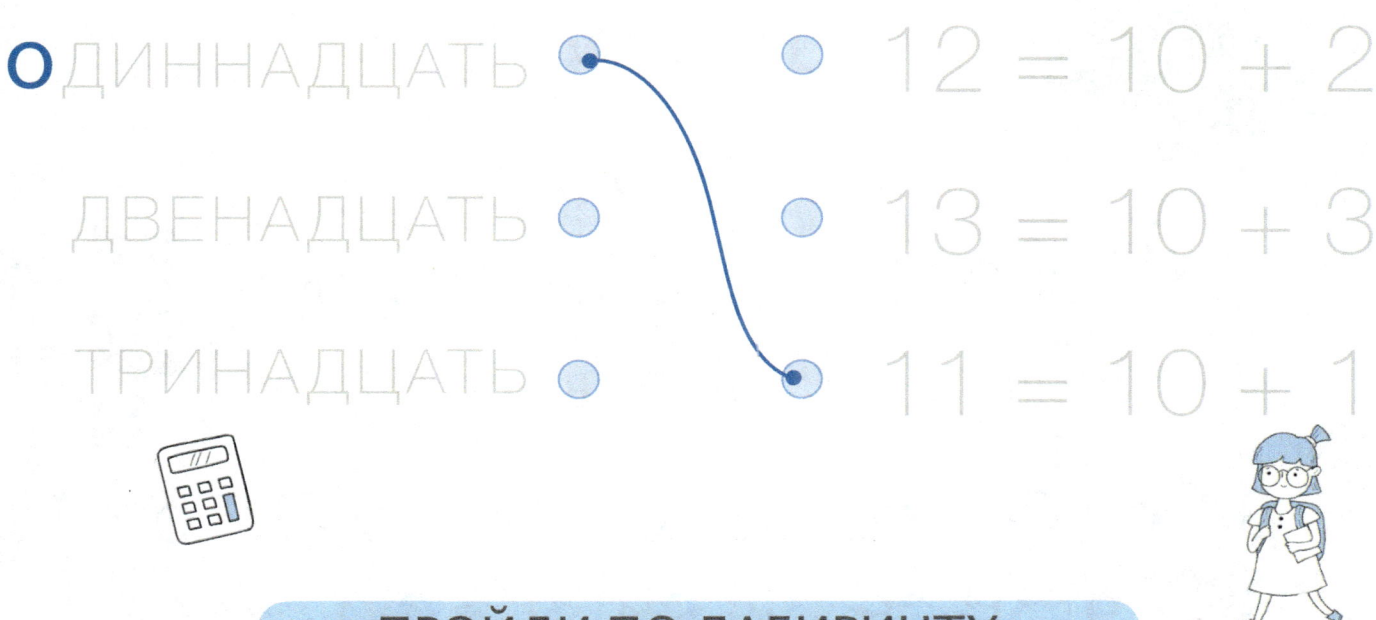

ОДИННАДЦАТЬ •   •   12 = 10 + 2

ДВЕНАДЦАТЬ •   •   13 = 10 + 3

ТРИНАДЦАТЬ •   •   11 = 10 + 1

ПРОЙДИ ПО ЛАБИРИНТУ.

Сколько раз ты повернул/а?   23   15   37   51

ТВЁРДЫЕ и МЯГКИЕ СОГЛАСНЫЕ 2

ЧИТАЕМ ХОРОМ:

А О Ы У Э

Я Ё И Ю Е

ЗЗЗЗЗЗ БОЛЬШИЕ - ГРОМКО

СССС МАЛЕНЬКИЕ ТИХО

ЗА са ЗО со ЗЫ сы ЗУ су ЗЭ сэ
ЗЯ ся ЗЁ сё ЗИ си ЗЮ сю ЗЕ се

 РА РО РЫ РУ РЭ
ря рё ри рю ре

 ПИШЕМ ДИКТАНТ:

_____

_____

_____

49

ТВЁРДЫЕ	З	С	Р
МЯГКИЕ	З'	С'	Р'

Прочитай. Первый звук – твёрдый или мягкий? обведи **твёрдые** согласные синим, а **мягкие** — зелёным.

ЗОНТ

СТУЛ

РАДИО

ЗЕБРА

СЕМЬ

РЕЗИНКА

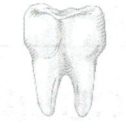

ЗУБ

СОБАКА

РУКА

ЗЕМЛЯ

СИНИЦА

РЮКЗАК

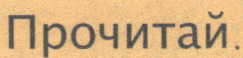

Прочитай.

Привет! Ты знаешь цвета?

Давай проверим!

МОНСТРИКИ ХОТЯТ ПРОВЕРИТЬ, КАК ХОРОШО ТЫ ЗНАЕШЬ ЦВЕТА.

ПРОЧИТАЙ. ВЫБЕРИ ПРАВИЛЬНЫЙ ВАРИАНТ.

Этот стул → синий.

белый.

Этот рюкзак красный.

жёлтый.

Этот зонт фиолетовый.

зелёный.

Этот зуб чёрный.

белый.

Прочитай.

РАСКРАСЬ ПРЕДМЕТЫ НУЖНЫМ ЦВЕТОМ.
РАСКРАСЬ КВАДРАТИКИ ЗЕЛЁНЫМ ЦВЕТОМ,
ЕСЛИ ЗВУК МЯГКИЙ, И СИНИМ, ЕСЛИ ЗВУК ТВЁРДЫЙ.

 С ИНИЙ С ТОЛ

 З ЕЛЁНЫЙ З ОНТ

 Р ОЗОВОЕ Р АДИО

 С ЕРЫЙ Р ЮКЗАК

 С АЛАТНАЯ Р УЧКА

ВПИШИ НУЖНУЮ БУКВУ.

З или С

__ЕБРА

ПЕ__ОК

МУ __ЫКА

__ТУЛ

КОР__ИНА

__ЕМЬ

РЕ__ИНКА

ПО __УДА

ОБВЕДИ БУКВЫ.

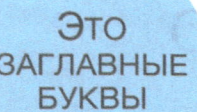
ЭТО ЗАГЛАВНЫЕ БУКВЫ

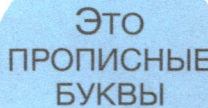
ЭТО ПРОПИСНЫЕ БУКВЫ

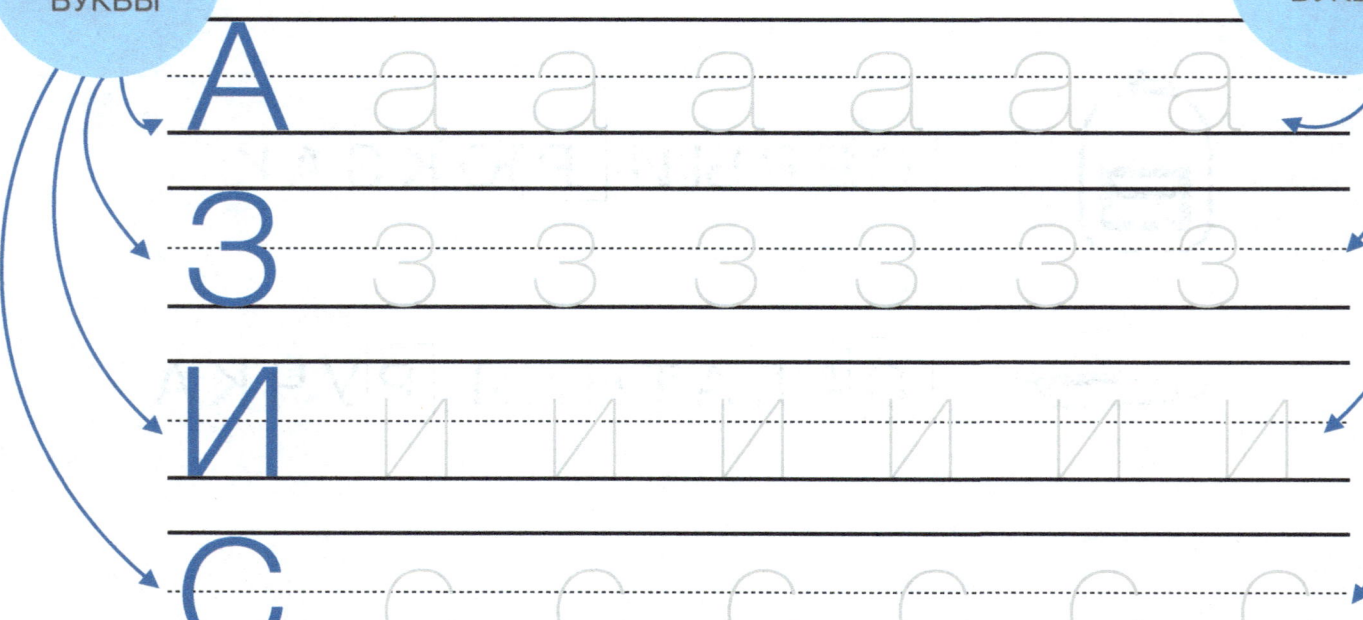

ПРОЧИТАЙ. СОЕДИНИ ЦИФРЫ СО СЛОВАМИ.

ОБВЕДИ ЦИФРЫ И СЛОВА.

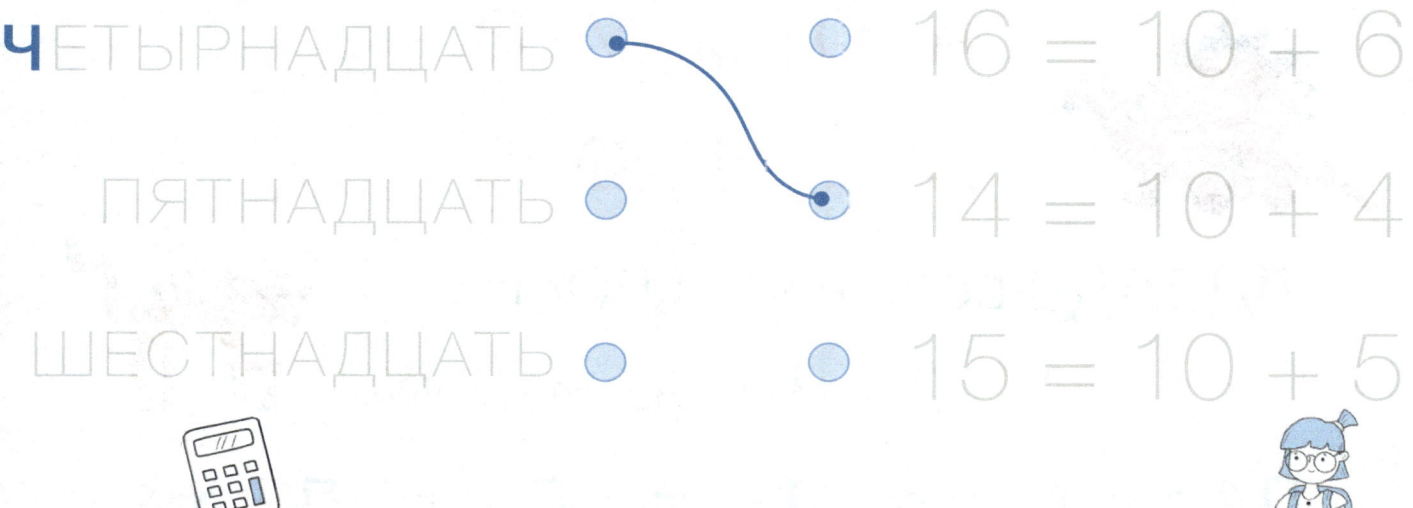

ЧЕТЫРНАДЦАТЬ ●————● 16 = 10 + 6

ПЯТНАДЦАТЬ ● ● 14 = 10 + 4

ШЕСТНАДЦАТЬ ● ● 15 = 10 + 5

НАЙДИ ТЕНЬ.

ТВЁРДЫЕ и МЯГКИЕ СОГЛАСНЫЕ 3

ЧИТАЕМ ХОРОМ:

А О Ы У Э

Я Ё И Ю Е

ДДДДДД БОЛЬШИЕ - ГРОМКО

ТТТТТ МАЛЕНЬКИЕ ТИХО

ДА та **ДО** то **ДЫ** ты **ДУ** ту **ДЭ** тэ
ДЯ тя **ДЁ** тё **ДИ** ти **ДЮ** тю **ДЕ** те

ЛА ЛО ЛЫ ЛУ ЛЭ
ля лё ли лю ле

ПИШЕМ ДИКТАНТ:

_____

_____

_____

ТВЁРДЫЕ	**Д**	**Т**	**Л**
МЯГКИЕ	**Д'**	**Т'**	**Л'**

Прочитай. Первый звук – твёрдый или мягкий?
обведи **твёрдые** согласные **синим**, а **мягкие** — зелёным.

Д ОМ

Т РАВА

Л АВАНДА

Д ИНОЗАВР

Т ИГР

Л ЯГУШКА

Д ЫРКА

Т ЫКВА

Л УК

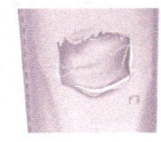

Д ЕСЯТЬ

Т ЮЛЬПАН

Л ИСТ

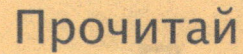

Прочитай.

Привет! Слушай. Мы тут запутались..

Помоги разобраться, где динозавр.

Монстрикам нужна твоя помощь.
Прочитай, выбери правильный вариант.

 Динозавр → на листике.

под листиком.

 Динозавр на листике.

над листиком.

 Динозавр перед листиком.

под листиком.

 Динозавр на яйце.

в яйце.

Прочитай.

Вставь нужные слова из рамочки.
Раскрась квадратики зелёным цветом,
если звук мягкий, и синим, если звук твёрдый.

под	на	над	в

Лягушка _____ в лодке.

Дырки _____ в джинсах.

Тыква _____ под листиком.

Тирекс _____ над травой.

ВПИШИ НУЖНУЮ БУКВУ.

Т ИЛИ Д

 __ЕСЯ__Ь

 ПЕ__УХ

 __УШ

 С__УЛ

 ОС__РОВ

 КРОКО__ИЛ

 __АПКИ

 ПО __АРОК

ОБВЕДИ БУКВЫ.

ЭТО ЗАГЛАВНЫЕ БУКВЫ

ЭТО ПРОПИСНЫЕ БУКВЫ

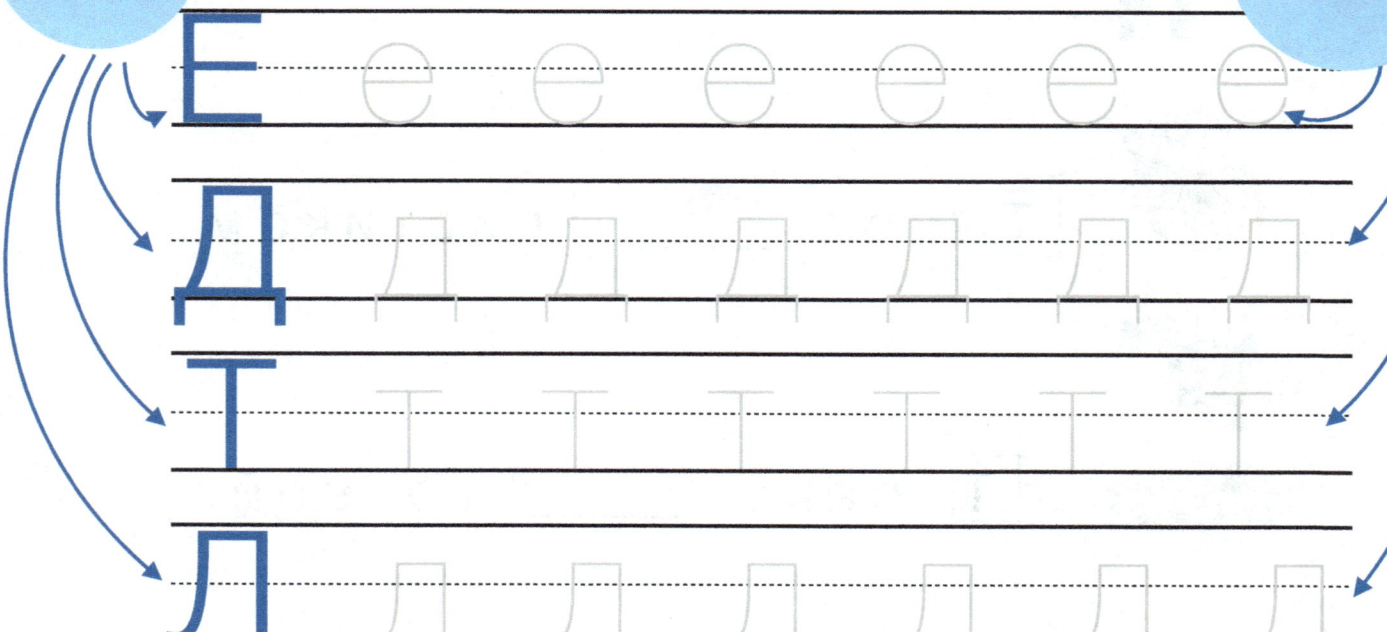

ПРОЧИТАЙ. СОЕДИНИ ЦИФРЫ СО СЛОВАМИ.

ОБВЕДИ ЦИФРЫ И СЛОВА.

СЕМНАДЦАТЬ   18 = 10 + 8

ВОСЕМНАДЦАТЬ   19 = 10 + 9

ДЕВЯТНАДЦАТЬ   17 = 10 + 7

РЕШИ КРОССВОРД.

ЧИТАЕМ ХОРОМ:

А О Ы У Э

Я Ё И Ю Е

ГГГГГГГ БОЛЬШИЕ - ГРОМКО

ККККК МАЛЕНЬКИЕ ТИХО

ГА ка ГО ко ГЫ кы ГУ ку ГЭ кэ
ГЯ кя ГЁ кё ГИ ки ГЮ кю ГЕ ке

МА МО МЫ МУ МЭ

мя мё ми мю ме

ПИШЕМ ДИКТАНТ:

_____

_____

_____

ТВЁРДЫЕ	Г	К	М
МЯГКИЕ	Г'	К'	М'

Прочитай. Первый звук — твёрдый или мягкий?
обведи **твёрдые** согласные синим, а **мягкие** — зелёным.

Г РУША   **К** АШТАНЫ   **М** ЫШКА

Г ИТАРА   **К** ИТ   **М** ЁД

Г ОЛ   **К** УКЛА   **М** УЗЫКА

Г ЕПАРД   **К** ЕНГУРУ   **М** ЯГКИЙ

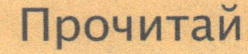

Прочитай.

Привет! Слушай. Мы тут снова запутались..

Помоги разобраться, где енот.

Монстрикам нужна твоя помощь.
Прочитай, выбери правильный вариант.

Енот → на коробке.

в коробке.

Енот

под коробкой.

в коробке.

Енот

под коробкой.

перед коробкой.

Енот

над коробкой.

за коробкой.

Прочитай.

Вставь нужные слова.

Слова, обозначающие цвет, обведи этим цветом.

НА или ПОД

Голубой **динозавр** _____ **столе**.

Фиолетовый **динозавр** _____ **столом**.

НА или В

Оранжевый **динозавр** ____ **коробке**.

Синий **динозавр** ____ **коробке**.

ЗА или ПЕРЕД

Зелёный **динозавр** ____ **коробками**.

Синий **динозавр** _____ **коробками**.

Урок 11

Г ИЛИ **К**

__РУША   __УБИ__И   __НИ__А   __ЕН__УРУ

МЯ__ __ИЙ   __ИТАРА   __ОТ   БУМА __А

ОБВЕДИ БУКВЫ.

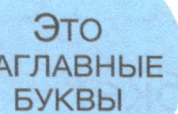
ЭТО ЗАГЛАВНЫЕ БУКВЫ

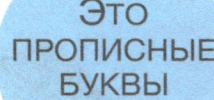
ЭТО ПРОПИСНЫЕ БУКВЫ

65

НАПИШИ ЧИСЛА СО СЛОВАМИ.

ОБВЕДИ ЦИФРЫ.

1 + 0 = 1   ОДИН

2 + 0 = 2   — — —

1 + 2 = 3   — — —

СОЕДИНИ ТОЧКИ И РАСКРАСЬ.

ВПИШИ ПРОПУЩЕННЫЕ СОГЛАСНЫЕ.

__О__ ЬЯ __ О__ОВ__А

ТВЁРДЫЕ и МЯГКИЕ СОГЛАСНЫЕ 4

Впиши гласные:

	О		У	
Я		И		Е

ЧИТАЕМ ПО ОЧЕРЕДИ:

БА	ВО	ГЫ	ДУ	ЗЭ
БЯ	ВЁ	ГИ	ДЮ	ЗЕ

КА	ЛО	МЫ	НУ	ПЭ
КЯ	ЛЁ	МИ	НЮ	ПЕ

РА	СО	ТЫ	ФУ	ХЭ
РЯ	СЁ	ТИ	ФЮ	ХЕ

ПИШЕМ ДИКТАНТ:

_____

_____

_____

ТВЁРДЫЕ

А	О	Ы	У	Э
Я	Ё	И	Ю	Е

БВГДЗ
КЛМНП
РСТФХ

+

БВГДЗ
КЛМНП
РСТФХ

+

БВГДЗ
КЛМНП
РСТФХ

МЯГКИЕ

БВГДЗ
КЛМНП
РСТФХ

Прочитай. Выделенные согласные – твёрдые или мягкие? обведи **твёрдые** согласные синим, а **мягкие** — зелёным.

ГИ**Т**А**Р**А   **Д**Ы**Р**А   **Н**Е**Б**О

МУ**З**Ы**К**А   **Д**Е**Р**Е**В**О   **Р**А**Д**И**О**

ПУ**Г**А**Л**О   **С**О**Б**А**К**А   **Н**Я**Н**Я

Прочитай.

Привет!
Слушай.
Мы тут снова запутались..

Помоги разобраться!

Монстрикам снова нужна твоя помощь.
Прочитай, выбери правильный вариант.

на самолёте.

Кот летит

на вертолёте.

на машине.

Лев едет

на автобусе.

на корабле.

Заяц плывёт

на лодке.

А маленький мышонок везёт большого слона на роликах.

ДА или НЕТ?

Подпиши картинки словами из облака.

САМОЛЁТ
АВТОБУС ~~ПОЕЗД~~
РАКЕТА КОРАБЛЬ
ГРУЗОВИК

П	О	Е	З	Д

ВПИШИ НУЖНУЮ БУКВУ.

В ИЛИ **Ф**

 КОН_ЕТА

 ДЕРЕ_О

 _ОНАРЬ

 _ОЛК

 МЕД _ЕДЬ

 _ОНТАН

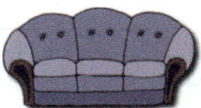 ДИ_АН

 ЦИ _РЫ

ЭТО ЗАГЛАВНЫЕ БУКВЫ

ОБВЕДИ БУКВЫ.

ЭТО ПРОПИСНЫЕ БУКВЫ

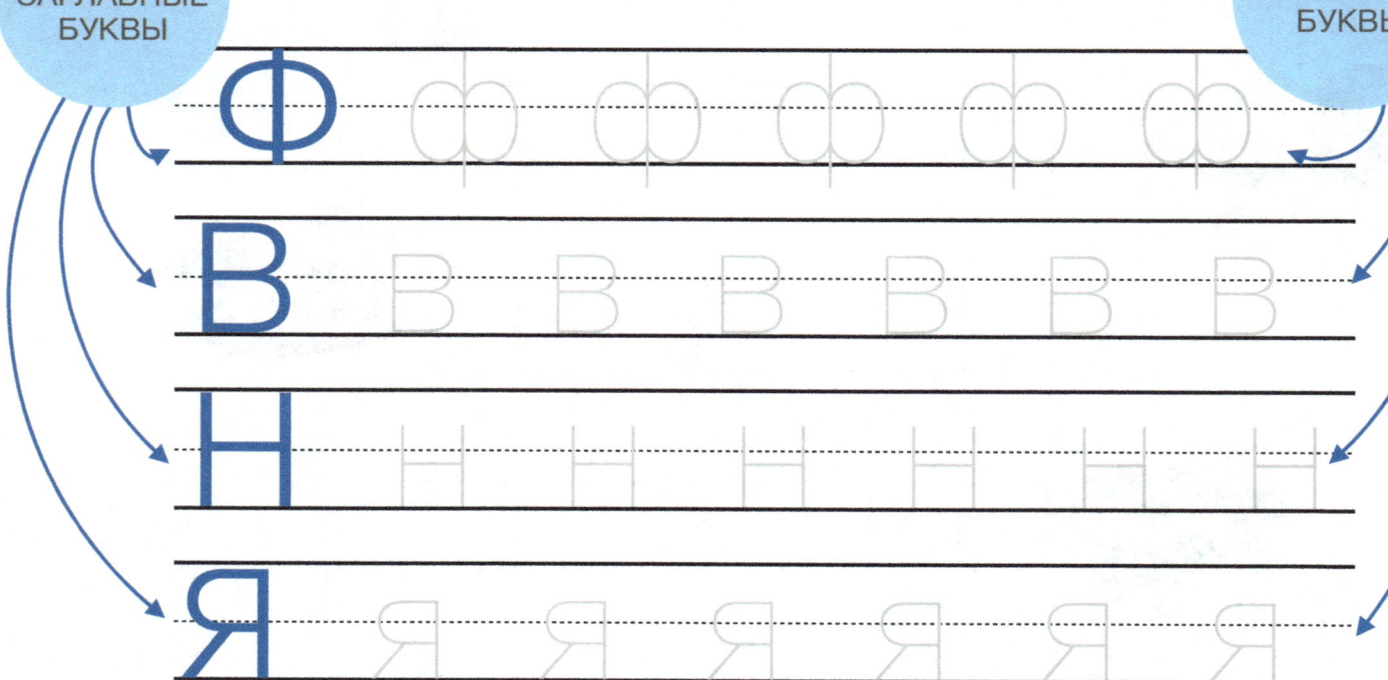

НАПИШИ ЧИСЛА СЛОВАМИ.

ОБВЕДИ ЦИФРЫ.

1 + 1 = ___ ‑‑‑

2 + 1 = ___ ‑‑‑

2 + 2 = ___ ‑‑‑‑‑

СОЕДИНИ ТОЧКИ КАК В ПРИМЕРЕ.

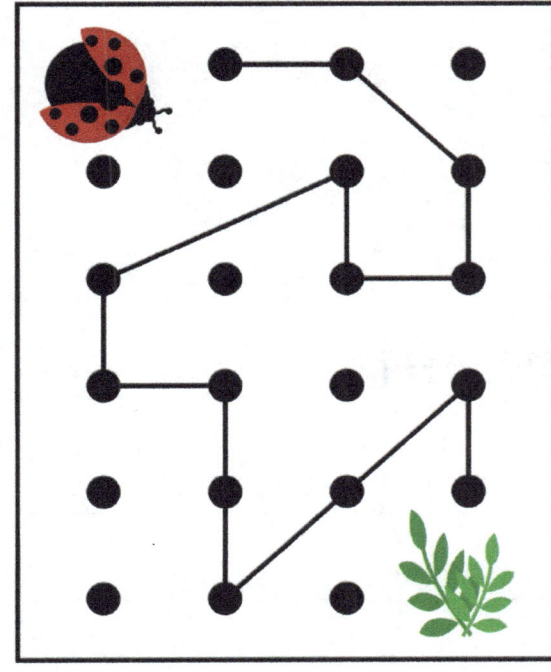

ТВЁРДЫЕ и МЯГКИЕ СОГЛАСНЫЕ 5

Впиши гласные:

А		Ы		Э
	Ё		Ю	

ЧИТАЕМ ПО ОЧЕРЕДИ:

ВА	ГО	ДЫ	ЗУ	БЭ
ВЯ	ГЁ	ДИ	ЗЮ	БЕ

ЛА	МО	НЫ	ПУ	КЭ
ЛЯ	МЁ	НИ	ПЮ	КЕ

СА	ТО	ФЫ	ХУ	РЭ
СЯ	ТЁ	ФИ	ХЮ	РЕ

 **ПИШЕМ ДИКТАНТ:**

_____

_____

_____

ТВЁРДЫЕ

Б В Г Д З
К Л М Н П
Р С Т Ф Х

ВСЕГДА ТВЁРДЫЕ: Ш, Ц, Ж

Б В Г Д З
К Л М Н П
Р С Т Ф Х

+ | А | О | Ы | У | Э | Ъ | бвглд мсрпт чзкнш |

+ | Я | Ё | И | Ю | Е | Ь |

МЯГКИЕ

ВСЕГДА МЯГКИЕ: Й, Ч, Щ

Б В Г Д З
К Л М Н П
Р С Т Ф Х

Прочитай. Выделенные согласные – твёрдые или мягкие? обведи **твёрдые** согласные синим, а **мягкие** — зелёным.

ДИНОЗАВР

ТЮЛЬПАН

ЧАЙКА

ЦЫПЛЁНОК

ШАПКА

СЪЁМКА

74

Прочитай.

Привет!
Слушай.
Мы тут снова
запутались.

Помоги
разобраться!

Монстрикам снова нужна твоя помощь.
Прочитай, выбери правильный вариант.

Виноград
висит
лежит
на ветке.

Ананас
сидит
стоит
на столе.

Фрукты
лежит
лежат
на тарелке.

Яблоки
сидят
висят
на дереве.

Подпиши картинки словами из облака.
Раскрась клеточки с твёрдыми согласными
синим, а с мягкими — зелёным цветом .

ГРАНАТ
ГРУША ВИШНЯ
ЧЕРНИКА ~~АРБУЗ~~
КРЫЖОВНИК

А	Р	Б	У	З

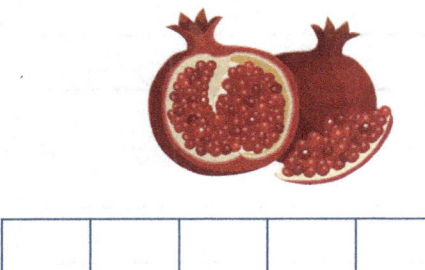

ВПИШИ НУЖНУЮ БУКВУ.

Ж ИЛИ Ш

 МА__ИНА

 ЛЫ__И

 __ТАНЫ

 МОР__

 __ИРАФ

 __АПКА

 __УК

 ЧА __КА

ОБВЕДИ БУКВЫ.

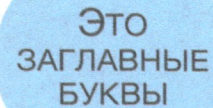 ЭТО ЗАГЛАВНЫЕ БУКВЫ

ЭТО ПРОПИСНЫЕ БУКВЫ

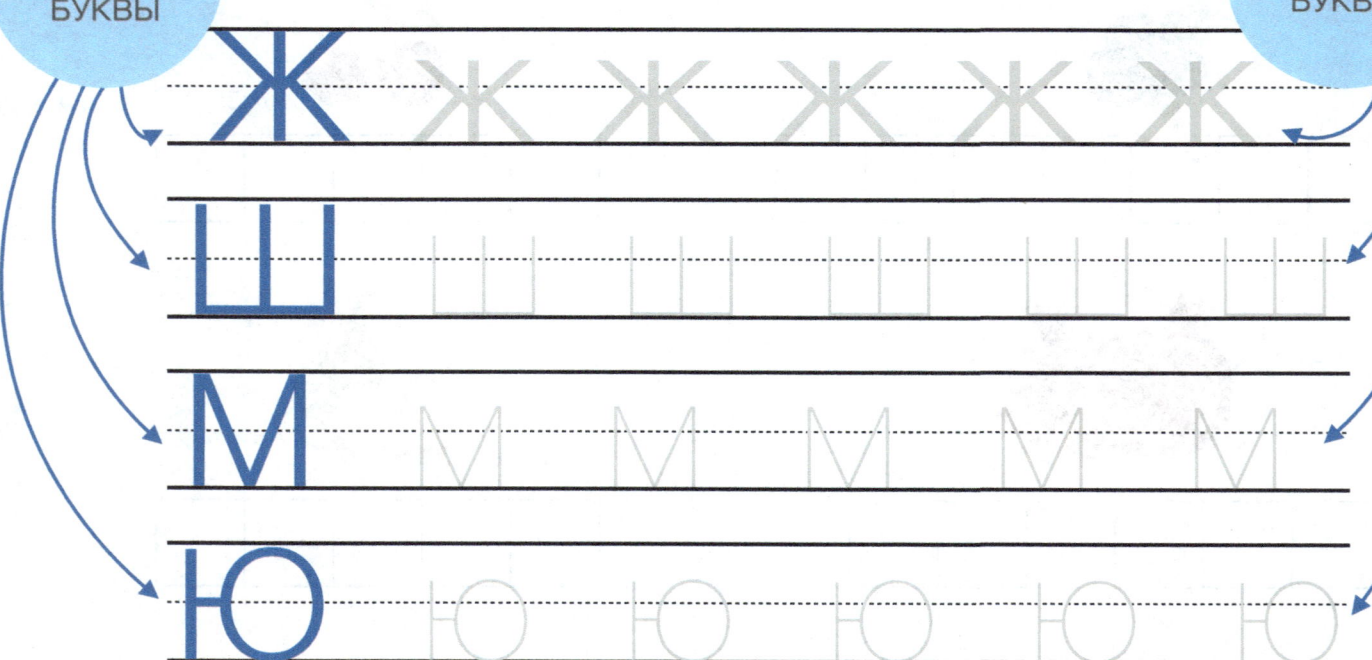

НАПИШИ ЧИСЛА СЛОВАМИ.

ОБВЕДИ ЦИФРЫ.

$1 + 3 = $ ___ _____

$2 + 3 = $ ___ _____

$3 + 2 = $ ___ _____

ПРОЙДИ ПО ЛАБИРИНТУ.

КОРОВА   ЯЙЦА

ОВЦА   МОЛОКО

КУРИЦА   ШЕРСТЬ

КОРОВА ДАЁТ _____.

ОВЦА ДАЁТ _____.

КУРИЦА ДАЁТ _____.

ЖИ-ШИ ЖЕ-ШЕ ЧА-ЩА ЧУ-ЩУ

Впиши гласные:

Я	Ё	И	Ю	Е

ЧИТАЕМ ПО ОЧЕРЕДИ:

ГА	ДО	ЗЫ	БУ	ВЭ
ГЯ	ДЁ	ЗИ	БЮ	ВЕ

МА	НО	ПЫ	КУ	ЛЭ
МЯ	НЁ	ПИ	КЮ	ЛЕ

ТА	ФО	ХЫ	РУ	СЭ
ТЯ	ФЁ	ХИ	РЮ	СЕ

ПИШЕМ ДИКТАНТ:

_____

_____

_____

УРОК 14

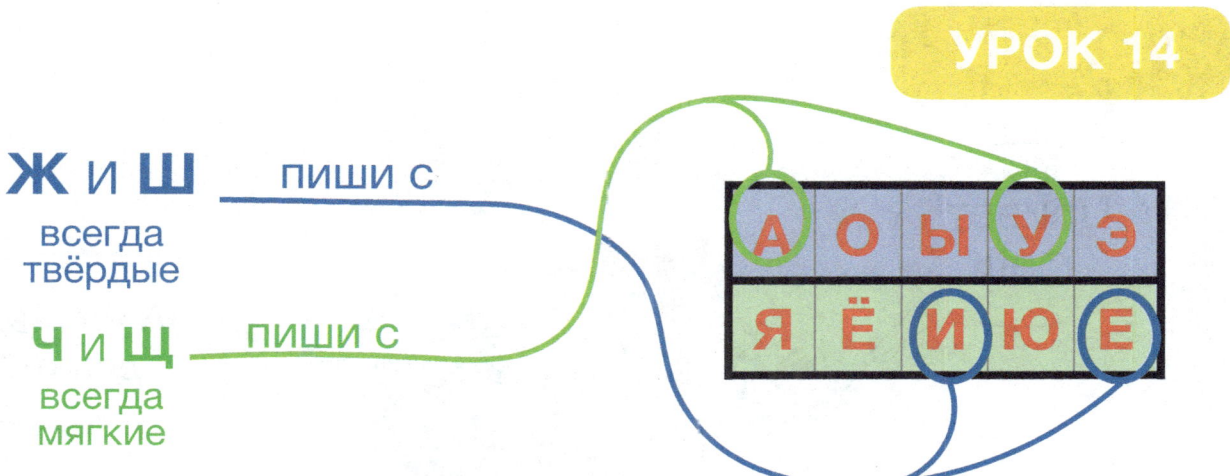

Ж и Ш пиши с
всегда твёрдые
Ч и Щ пиши с
всегда мягкие
А О Ы У Э
Я Ё И Ю Е

Назови предметы. Впиши гласные.

Ш _ С Т Ь

У Ш _

Ч _ Й К А

Ж _ М Ч У Г

Ж _ Л Е Т К А

NEWS

В Е Д У Щ _ Я

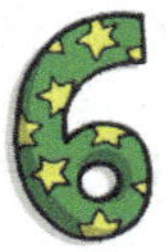

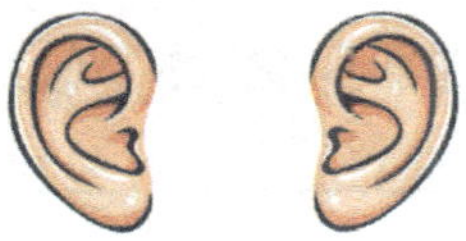

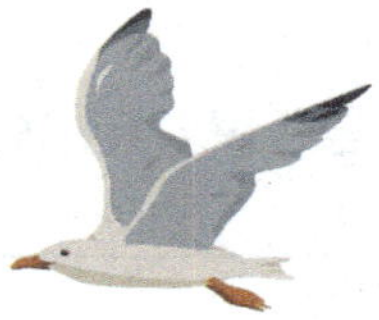

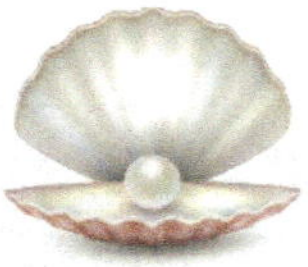

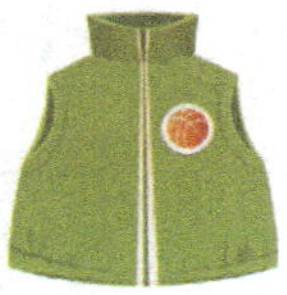

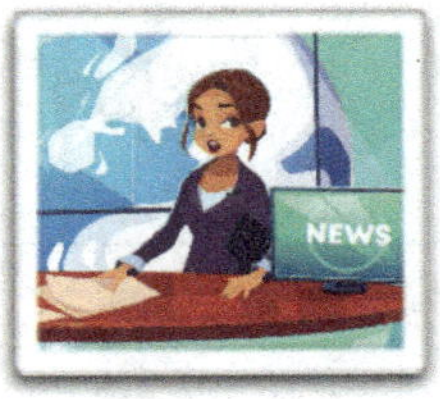

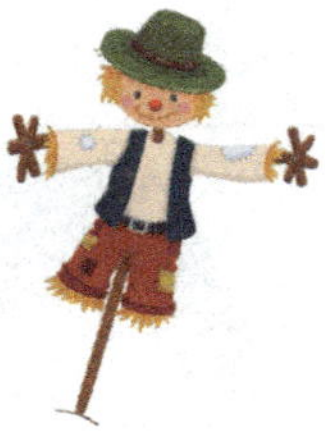

Ч _ Ч Е Л О

Щ _ К А

Ж _ Р А Ф

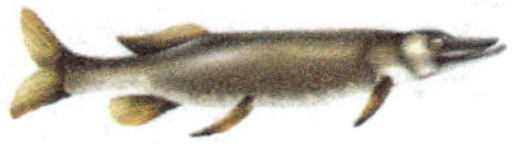

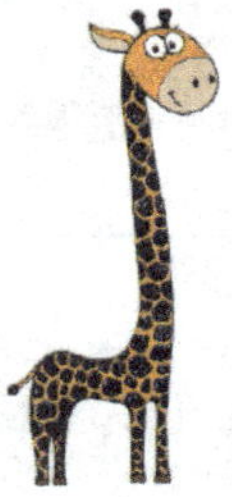

Сегодня пришли другие монстрики.
Они - новенькие. Кажется им тоже нужна твоя помощь.

Где ежи?

А где моржи?

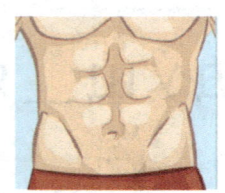

Где жилет?

А где живот?

Где щека?

А где щука?

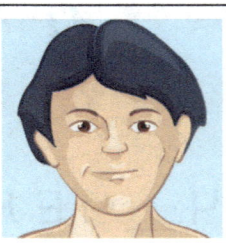

Прочитай. Впиши нужные слова из рамки.

учусь   чищу   хочу   грущу   молчать

Утром я не _____ вставать.

Я _____ зубы два раза в день.

В школе я _____ целое утро.

С котом я никогда не _____ .

Я не люблю _____ .

ВПИШИ НУЖНУЮ БУКВУ.

Ч ИЛИ Щ

__ЕРЕПАХА

__ЕНОК

__АЙКА

ПЕ__ЕРА

Я__ИК

__АЙ

БОР__

О __КИ

ОБВЕДИ БУКВЫ.

Это ЗАГЛАВНЫЕ БУКВЫ

Это ПРОПИСНЫЕ БУКВЫ

Х Х Х Х Х Х Х Х

Щ Щ Щ Щ Щ Щ Щ Щ

Ч Ч Ч Ч Ч Ч Ч Ч

Ы Ы Ы Ы Ы Ы Ы Ы

НАПИШИ ЧИСЛА СЛОВАМИ.

ОБВЕДИ ЦИФРЫ.

2 + 4 = __   _ _ _ _ _ _

2 + 5 = __   _ _ _ _ _

3 + 4 = __   _ _ _ _ _

НАЙДИ ТЕНЬ.

ПРЕДМЕТЫ, ПРИЗНАКИ и ДЕЙСТВИЯ

Впиши гласные:

А	О	Ы	У	Э

ЧИТАЕМ ПО ОЧЕРЕДИ:

ДА	ЗО	БЫ	ВУ	ГЭ
ДЯ	ЗЁ	БИ	ВЮ	ГЕ

НА	ПО	КЫ	ЛУ	МЭ
НЯ	ПЁ	КИ	ЛЮ	МЕ

ФА	ХО	РЫ	СУ	ТЭ
ФЯ	ХЁ	РИ	СЮ	ТЕ

ПИШЕМ ДИКТАНТ:

_____

_____

_____

СЛОВА
могут называть

ПРЕДМЕТЫ	ПРИЗНАКИ	ДЕЙСТВИЯ
Кто? Что?	Какой? Какая? Какое? Какие?	Что делал? Что делает? Что будет делать?
кот дом	большой	молчал
мама снег	красивая	бегает
Саша Москва	жёлтое	будет говорить
	весёлые	

Прочитай слова. На какой вопрос они отвечают?
Подчеркни нужной линией. Соедини с картинкой.

школа

грустный

бежит

весёлый

моется

бабушка

велосипед

серьёзный

мяч

сердитый

внук

ест

Прочитай.

Привет! Слушай!

Будь другом, пожалуйста.

Тут буквы, слова, задания помоги, а?

И снова монстрикам нужна твоя помощь.

Каждое утро Игорь

ужинает.

завтракает.

В школе Каролина

завтракает.

обедает.

Каждый вечер семья

ужинает.

завтракает.

Прочитай слова. Соедини с вопросом, на который они отвечают.

стол	что делать?
фиолетовая	что?
читать	что делает?
добрые	какая?
сидит	кто?
девочка	какие?

Прочитай слова. Подчеркни слова-предметы, признаки и действия нужной линией.

Маленькая девочка спит.

Плюшевый мишка сидит.

Голубой глобус стоит.

На столе стоят тарелка и стакан.

Мальчик ест красный помидор.

ВПИШИ НУЖНУЮ БУКВУ.
Й или И

__НДЮК

ОЧК__

ЧА__КА

__ГРУШК__

ПОПУГА__

ЧА__

ПОМ__ДОР

КЛЕ__

ОБВЕДИ БУКВЫ.

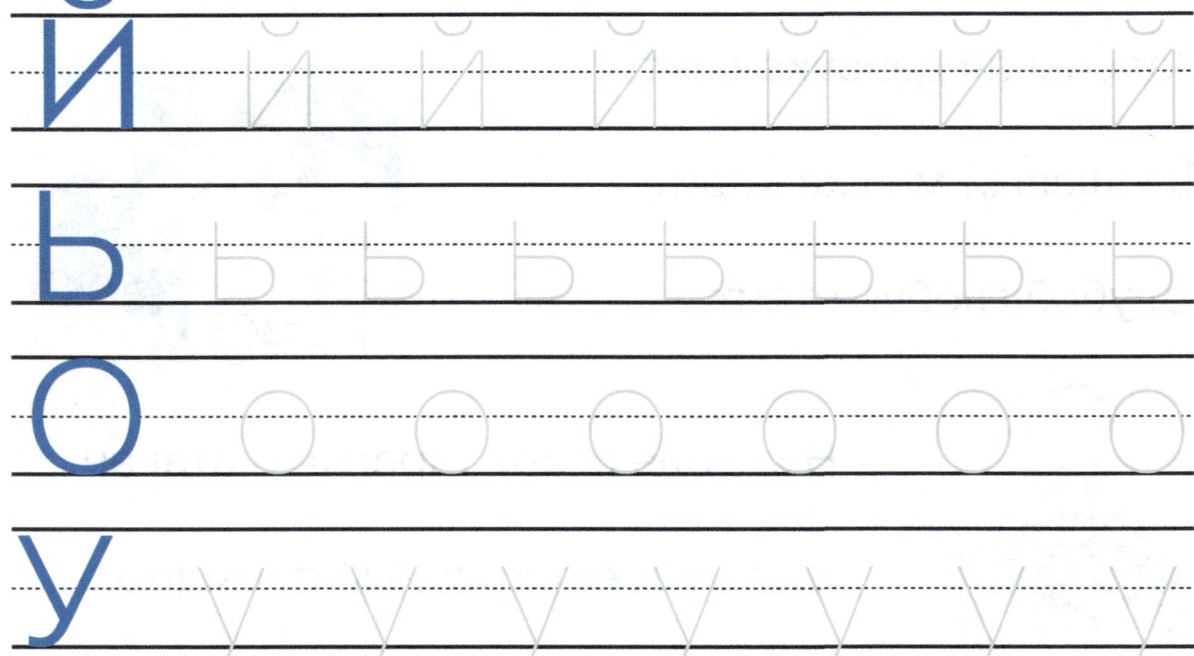

НАПИШИ ЧИСЛА СЛОВАМИ.

ОБВЕДИ ЦИФРЫ.

3 + 1 = ___   _ _ _ _ _

3 + 5 = ___   _ _ _ _ _

3 + 3 = ___   _ _ _ _ _

РЕШИ КРОССВОРД.

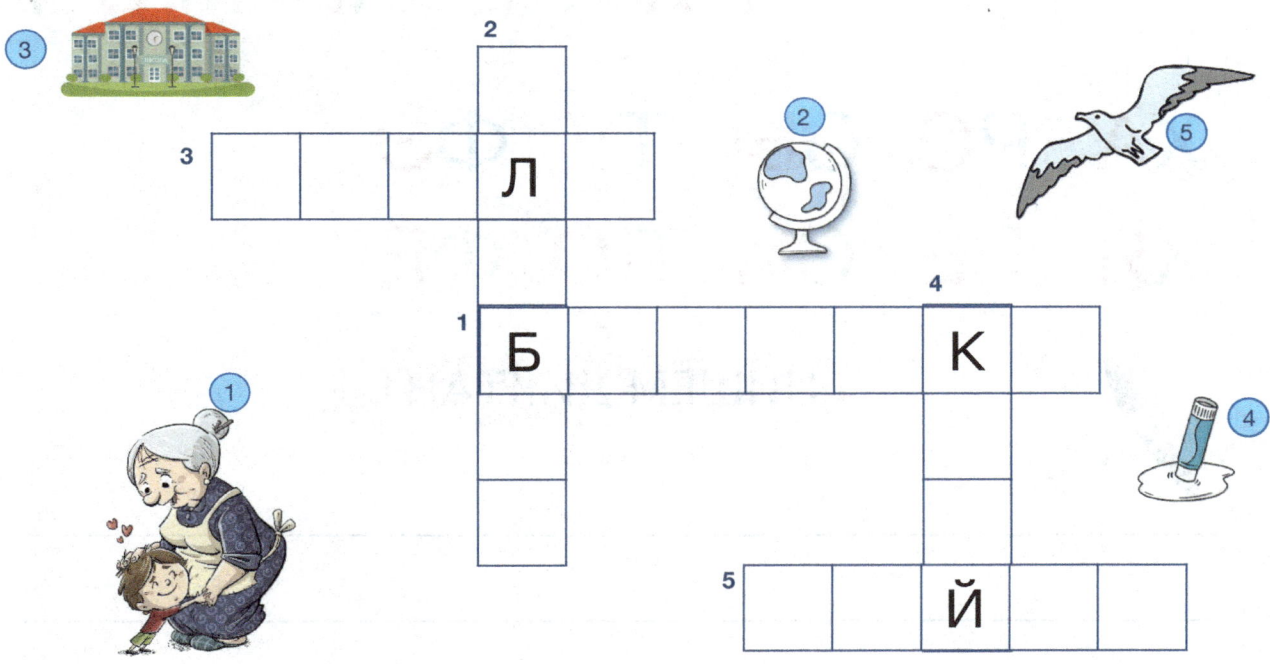

СЛОВА-ПРЕДМЕТЫ
Кто? Что?

Впиши гласные:

ЧИТАЕМ ПО ОЧЕРЕДИ:

ЗА	БО	ВЫ	ГУ	ДЭ
ЗЯ	БЁ	ВИ	ГЮ	ДЕ

ПА	КО	ЛЫ	МУ	НЭ
ПЯ	КЁ	ЛИ	МЮ	НЕ

ХА	РО	СЫ	ТУ	ФЭ
ХЯ	РЁ	СИ	ТЮ	ФЕ

ПИШЕМ ДИКТАНТ:

_____

_____

_____

КТО?

ЛЮДИ

Саша

лётчик

ЖИВОТНЫЕ

зайка

тигр

ЧТО?

ВЕЩИ

лодка

мяч

РАСТЕНИЯ

берёза

трава

ЯВЛЕНИЯ/СОБЫТИЯ

дождь

урок

Прочитай слова. На какой вопрос они отвечают?

Соедини слова с вопросом.

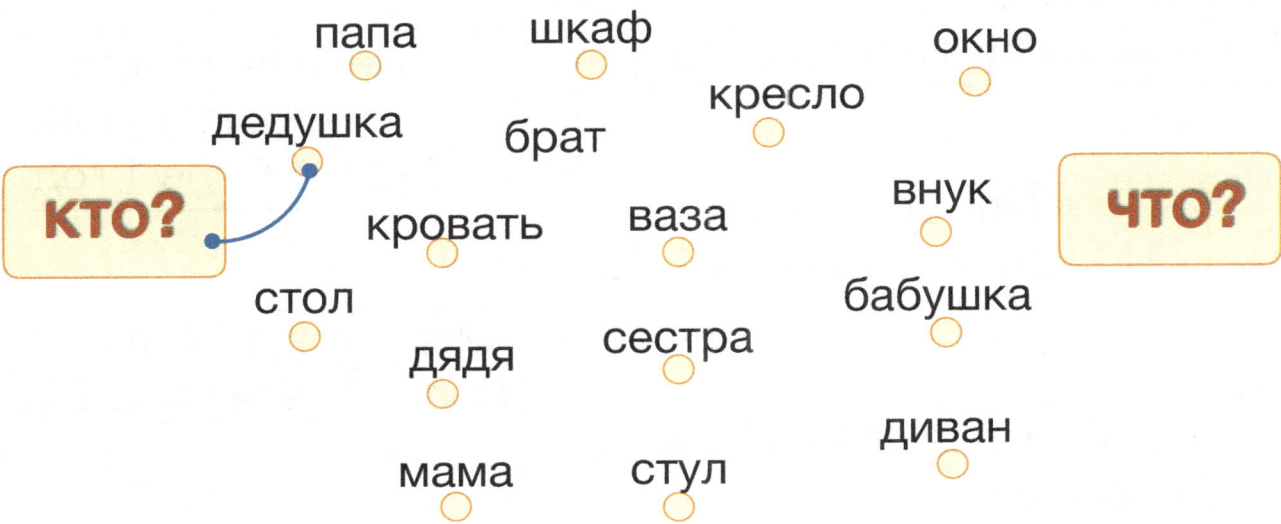

папа   шкаф   окно

кресло

дедушка   брат

внук

КТО?   кровать   ваза   **ЧТО?**

стол   бабушка

дядя   сестра

диван

мама   стул

Прочитай.

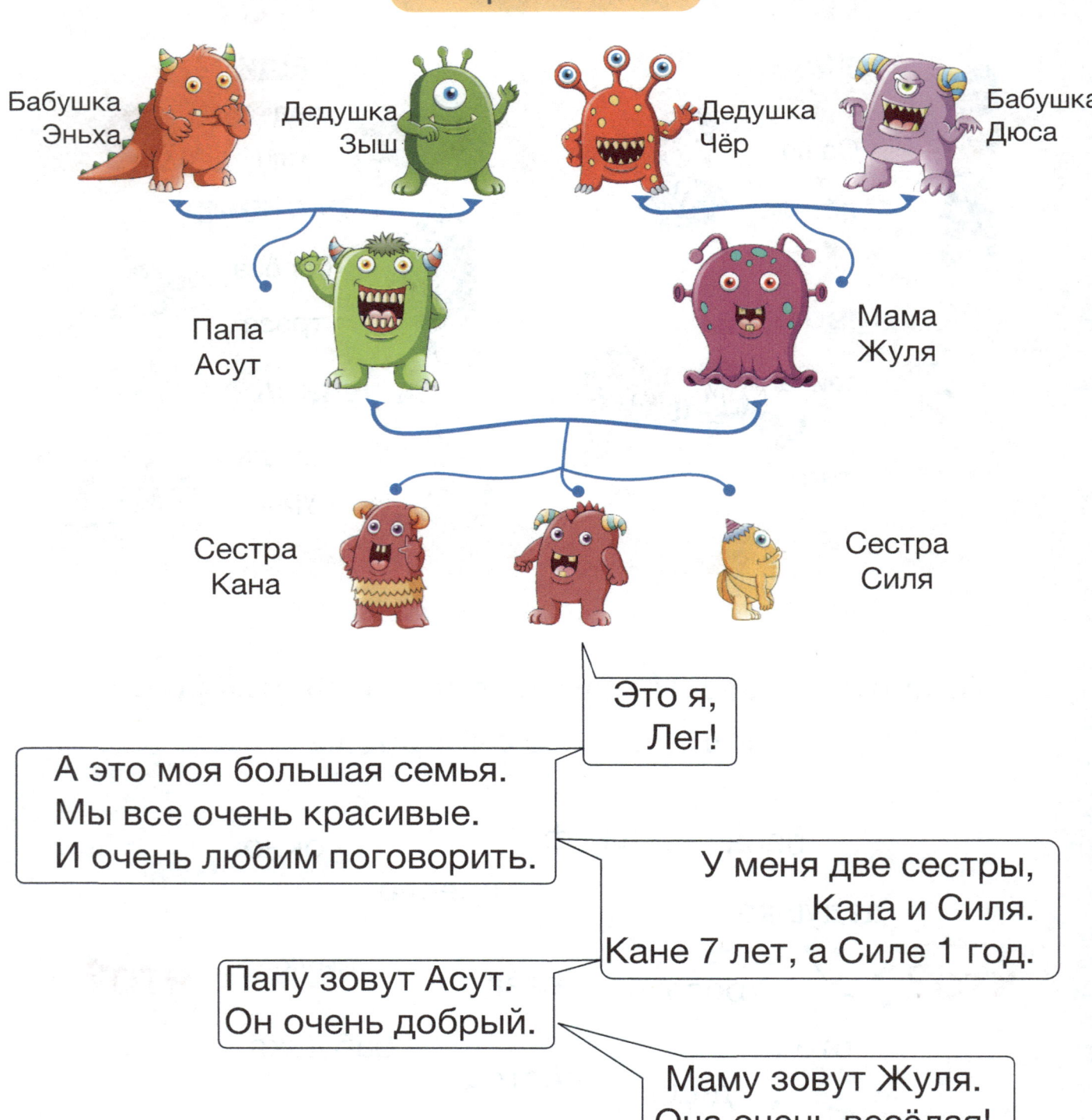

Бабушка Эньха

Дедушка Зыш

Дедушка Чёр

Бабушка Дюса

Папа Асут

Мама Жуля

Сестра Кана

Сестра Силя

Это я, Лег!

А это моя большая семья.
Мы все очень красивые.
И очень любим поговорить.

У меня две сестры,
Кана и Силя.
Кане 7 лет, а Силе 1 год.

Папу зовут Асут.
Он очень добрый.

Маму зовут Жуля.
Она очень весёлая!

А ещё у меня две бабушки,
Дюса и Эньха.
И два дедушки, Зыш и Чёр.

Прочитай. Подчеркни слова-предметы одной линией.
Нарисуй ♥ над словами, которые отвечают на вопрос КТО?
Нарисуй X над словами, которые отвечают на вопрос ЧТО?

Лег смотрит фотографии.

Кана ищет книгу на полке.

Силя залезла на лампу.

Бабушка упала с дивана.

Дедушка сидит на кресле.

И смеётся.

ВПИШИ НЕДОСТАЮЩИЕ СЛОГИ.

СОЕДИНИ СЛОВА С КАРТИНКАМИ.

МА__ __

ПА__ __

БРАТ

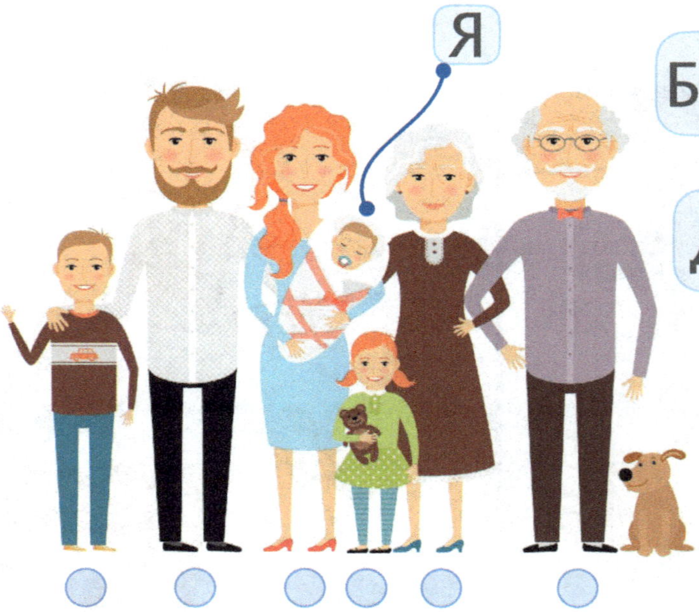

Я

БАБУШ__ __

ДЕДУШ__ __

СЕСТ__ __

РА   КА   МА   ПА   КА

ОБВЕДИ ИМЕНА.

Даша Даша

Оля Оля Оля

Мирон Мирон

НАПИШИ ЧИСЛА СЛОВАМИ.

ОБВЕДИ ЦИФРЫ.

4 + 2 = __ _____

4 + 5 = __ _____

4 + 4 = __ _____

СОЕДИНИ ТОЧКИ И РАСКРАСЬ.

СЛОВА-ПРЕДМЕТЫ:

мальчики, девочки, солнышки.

ЧИТАЕМ ПО ОЧЕРЕДИ:

ава	ово	иви	уву	ывы	еве
айа	ойо	ийи	уйу	ыйы	ейе
ала	оло	или	улу	ылы	еле
ана	оно	ини	уну	ыны	ене
аса	осо	иси	усу	ысы	есе
аша	ошо	иши	ушу	ыши	еше
аца	оцо	ици	уцу	ыцы	еце

ПИШЕМ ДИКТАНТ:

_____

_____

_____

ОН

- хлеб
- сок
- сыр
- повар

ОНА

- пицца
- картошка
- рыба
- вода

ОНО

- яйцо
- молоко
- мороженое
- пюре

Прочитай слова. Это он, она или оно?
Соедини с картинкой в центре.

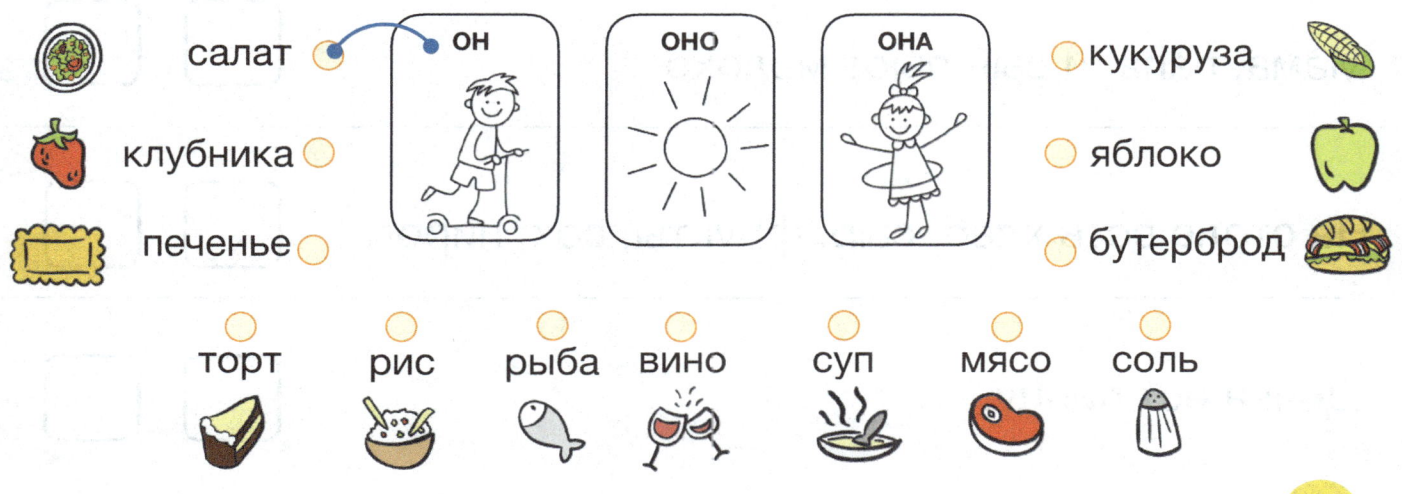

салат ○——○ ОН   ОНО   ОНА   ○кукуруза

клубника ○   ○яблоко

печенье ○   ○бутерброд

торт   рис   рыба   вино   суп   мясо   соль

Рассмотри картинку. Прочитай предложения.
Правда это или неправда?

	Да	Нет
Мама ест арбуз.	☐	☐
Мама, папа и сын пьют молоко.	☐	☐
На столе есть хлеб, сыр, фрукты, сок, пирог.	☐	☐
Дочка ест пиццу.	☐	☐

Прочитай слова. Напротив напиши
ОНА, если это слово-девочка,
ОН, если это слово-мальчик,
ОНО, если это слово-солнышко.

рис

пицца

хлеб

молоко

вода

сок

паста

кекс

курица

чай

печенье

груша

ВПИШИ НЕДОСТАЮЩИЕ СЛОГИ.

СОЕДИНИ СЛОВА С КАРТИНКАМИ.

ПИЦ__ __

__ __ЦА

МАС__ __

__ __ЛАТ

РЫ__ __

ЦА   ЯЙ   БА   ЛО   СА

ОБВЕДИ ИМЕНА.

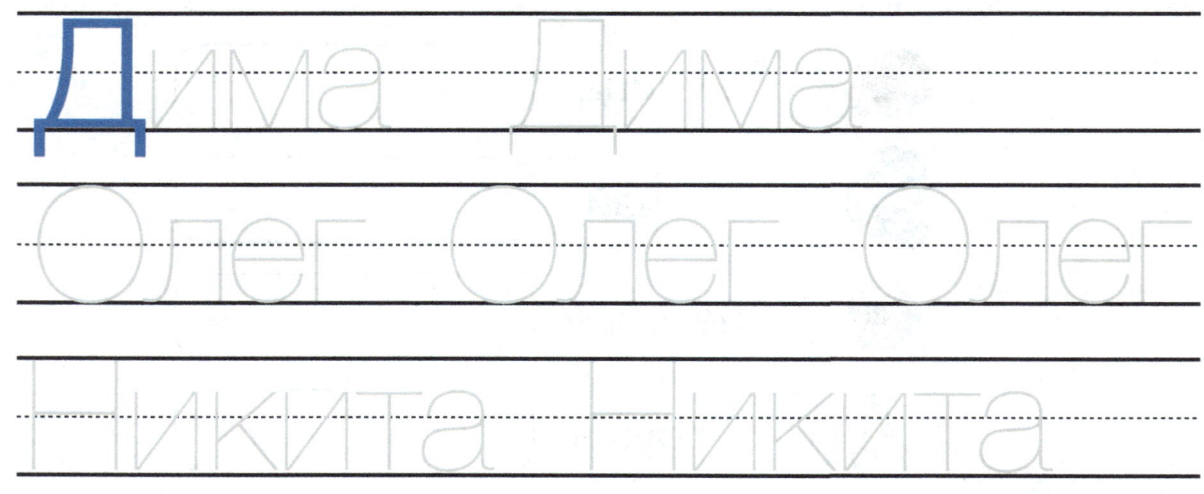

НАПИШИ ЧИСЛА СЛОВАМИ.

ОБВЕДИ ЦИФРЫ.

5 + 1 = __ _ _ _ _ _

3 + 5 = __ _ _ _ _ _

5 + 4 = __ _ _ _ _ _

СОЕДИНИ ТОЧКИ КАК В ПРИМЕРЕ.

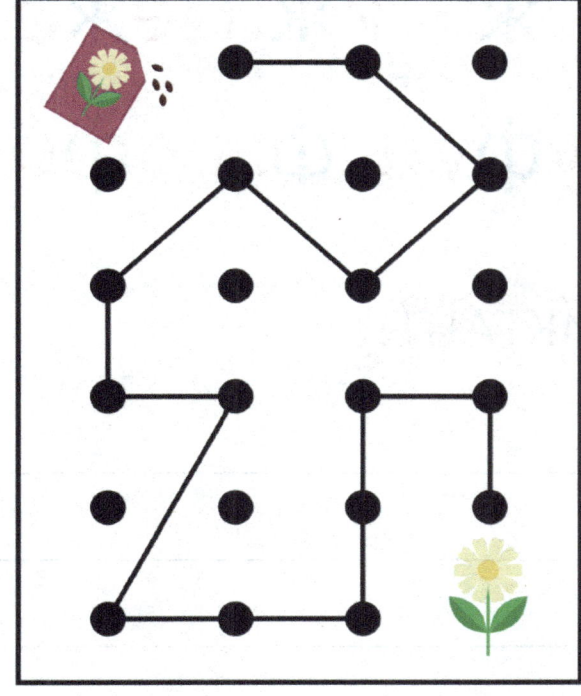

ОДИН, ОДНА, ОДНО, МНОГО.

ЧИТАЕМ ПО ОЧЕРЕДИ:

ага	ого	иги	угу	ыгы	еге
аща	ощо	ищи	ущу	ыщи	еще
ака	око	ики	уку	ыкы	еке
ама	омо	ими	уму	ымы	еме
ара	оро	ири	уру	ыры	ере
ажа	ожо	ижи	ужу	ижи	еже
афа	офо	ифи	уфу	ыфы	ефе

ПИШЕМ ДИКТАНТ:

_____

_____

_____

ОДИН
- стол — столы
- шкаф — шкафы
- сапог — сапоги

ОДНА
- книга — книги
- картина — картины
- дверь — двери

ОДНО
- окно — окна
- зеркало — зеркала

Прочитай слова. Соедини с картинкой. Допиши окончания.

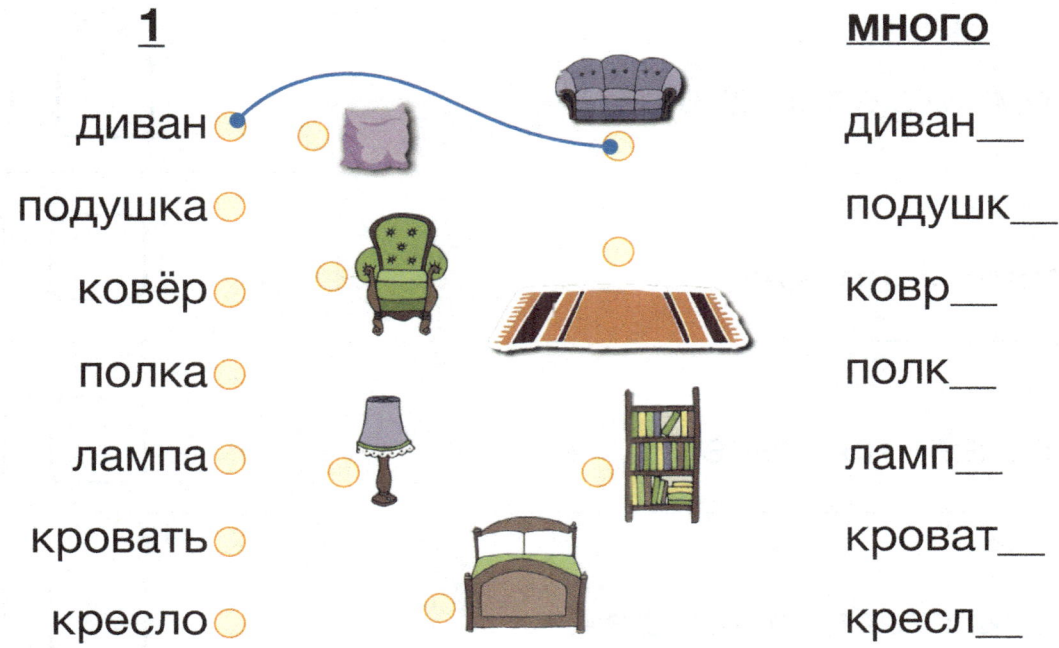

1	МНОГО
диван	диван__
подушка	подушк__
ковёр	ковр__
полка	полк__
лампа	ламп__
кровать	кроват__
кресло	кресл__

Рассмотри картинку. Прочитай предложения.
Правда это или неправда?

	Да	Нет
В этой комнате один диван.	☐	☐
Книги стоят на полках.	☐	☐
Картины висят на стене.	☐	☐
Телевизоры стоят на шкафах.	☐	☐

Прочитай. Обведи слова, которые обозначают много предметов.

столы зеркала стул

кактус полки окна

лампы холодильник

картины

кровать

тумбочка двери

Прочитай. Впиши слова из рамки.

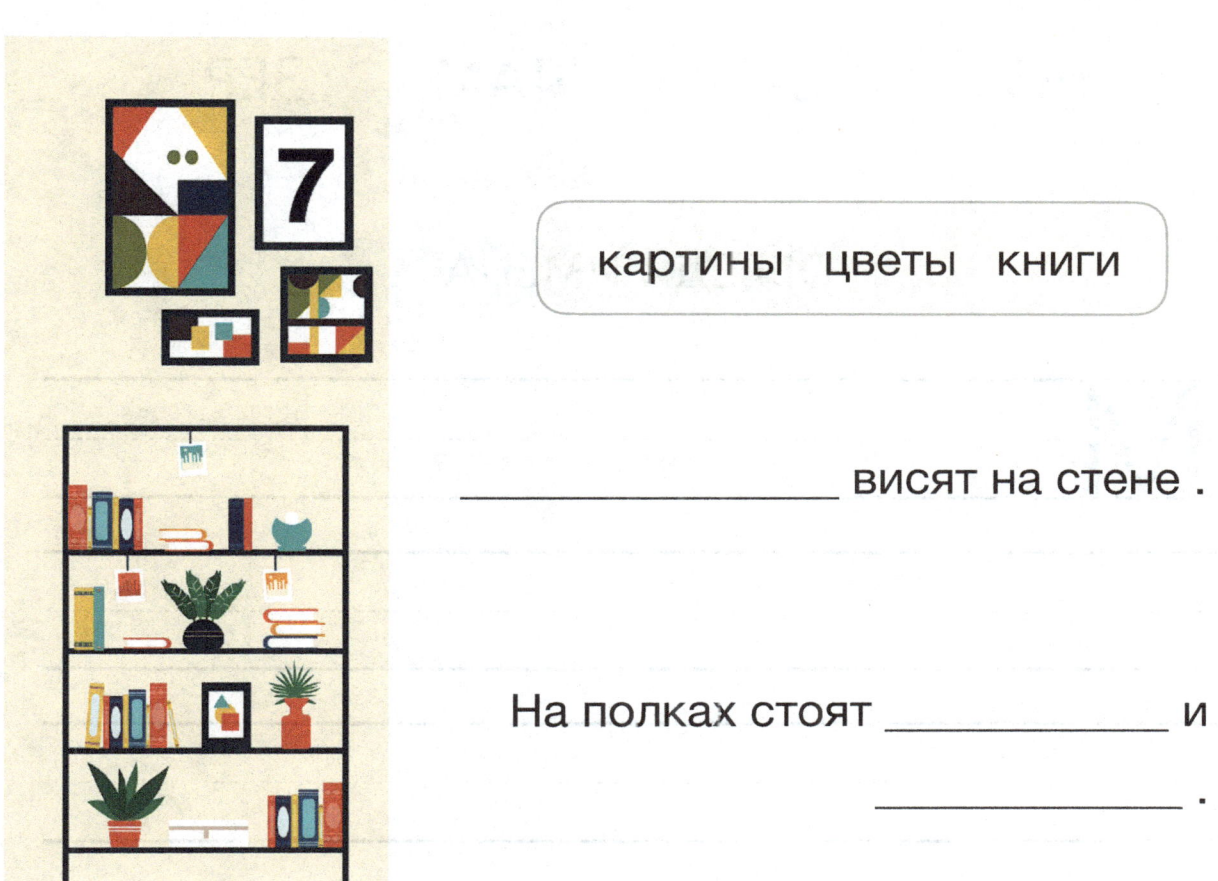

картины   цветы   книги

_____ висят на стене .

На полках стоят _____ и

_____ .

ВПИШИ НЕДОСТАЮЩИЕ СЛОГИ.

СОЕДИНИ СЛОВА С КАРТИНКАМИ.

КРЕС__ __

ДИ__ __ __

__ __ __ КАЛО

__ __ __ ПА

ЛО   ВАН   ЛАМ   ЗЕР

ОБВЕДИ ИМЕНА.

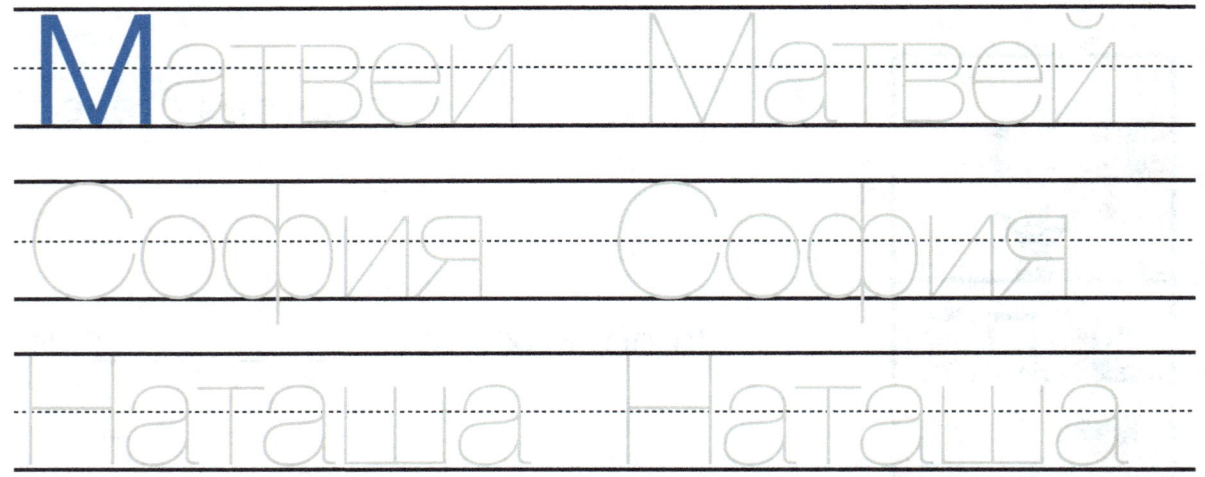

Матвей   Матвей

София   София

Наташа   Наташа

НАПИШИ ЧИСЛА СЛОВАМИ.

ОБВЕДИ ЦИФРЫ.

6 + 1 = __ _____

6 + 5 = __ _____

6 + 4 = __ _____

ПРОЙДИ ПО ЛАБИРИНТУ.

ОБВЕДИ
ДОРОГИ
РАЗНЫМИ
ЦВЕТАМИ.

СОЛОМЕННЫЙ

ДЕРЕВЯННЫЙ

КИРПИЧНЫЙ

ЗАПОЛНИ ПРОПУСКИ:

ДОРОГА 1 ВЕДЁТ В _____ ДОМИК.

ДОРОГА 2 ВЕДЁТ В _____ ДОМИК.

ДОРОГА 3 ВЕДЁТ В _____ ДОМИК.

СЛОВА-ПРИЗНАКИ
Какой? Какая? Какое? Какие?

ЧИТАЕМ ПО ОЧЕРЕДИ:

аба	обо	иби	убу	ыбы	ебе
ача	очо	ичи	учу	ычи	ече
аза	озо	изи	узу	ызы	езе
ада	одо	иди	уду	ыды	еде
апа	опо	ипи	упу	ыпы	епе
аха	охо	ихи	уху	ихи	ехе
ата	ото	ити	уту	ыты	ете

ПИШЕМ ДИКТАНТ:

мальчик	**Какой?**	строг**ий**
папа		ленив**ый**
кот		зл**ой**
собака	**Какая?**	добр**ая**
бабушка		счастлив**ая**
компания		весёл**ая**
облако	**Какое?**	хмур**ое**
дерево		молод**ое**
море		спокойн**ое**
мальчики	**Какие?**	строг**ие**
девочки		счастлив**ые**
облака		хмур**ые**

Ответь на вопросы. Допиши окончания.

Мальчик, какой? — счастлив__

Учительница, какая? — спокойн__

Дети, какие? — грустн__

Медведи, какие? — влюблённ__

Дедушка, какой? — внимательн__

Соседка, какая? — сердит__

Настроение, какое? — весёл__

Прочитай.

Это Саня и Маня. Они - близнецы.
Они весь день вместе.

Маня

Саня

Утром они оба ещё сонные.

Маня идет
в школу
задумчивая.

Саня идет
в школу
сердитый.

На уроках Маня — рассеянная.

А Саня — очень внимательный.

Если кто-то
из них грустный,

другой его
утешает.

А если кто-то гордый за себя,
другой тоже гордый.

Прочитай слова.
Соедини как в примере.

спокойный	люди	добрый
спокойная	семья	добрая
спокойное	дедушка	доброе
спокойные	утро	добрые

Подпиши картинки.

сердитая

грустный

счастливая

весёлый

_____

_____

_____

_____

ДОПИШИ ОКОНЧАНИЯ.

СОЕДИНИ ФРАЗЫ С КАРТИНКАМИ.

КВАДРАТ – ЗЕЛЁН Ы Й

СЕРДЦЕ – ГОЛУБ___ ___

ТРЕУГОЛЬНИК – КРАСН___ ___

СТРЕЛА – ЖЁЛТ___ ___

КРУГ – РОЗОВ___ ___

ЗВЕЗДА – ФИОЛЕТОВ___ ___

ЫЙ   ЫЙ   ЫЙ   АЯ   АЯ   ОЕ

ОБВЕДИ НАЗВАНИЯ ГОРОДОВ.

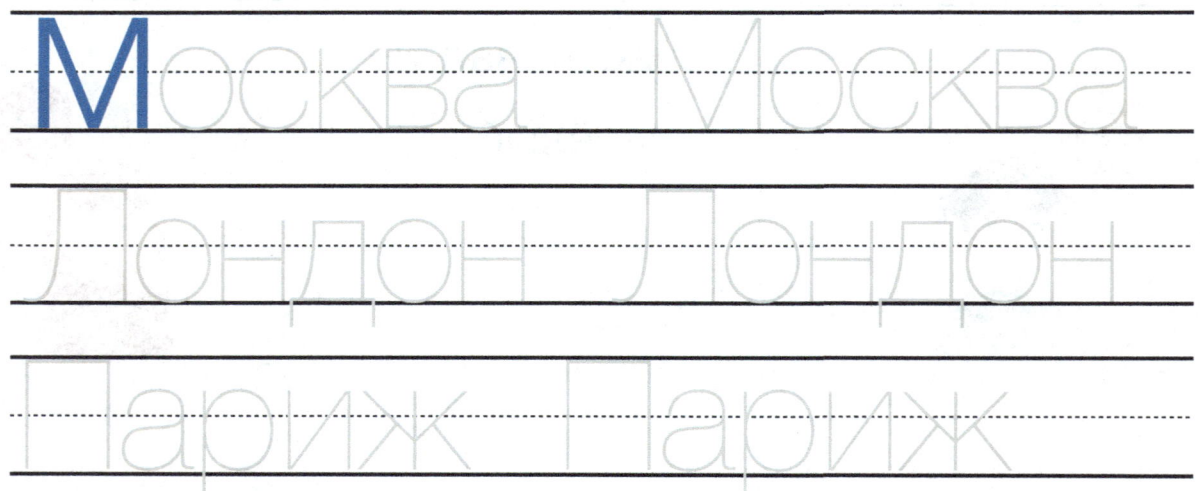

Москва   Москва

Лондон   Лондон

Париж   Париж

НАПИШИ ЧИСЛА СЛОВАМИ.

ОБВЕДИ ЦИФРЫ.

7 + 2 = ___   ___ ___

7 + 3 = ___   ___ ___

7 + 1 = ___   ___ ___

НАЙДИ ТЕНЬ.

ОТВЕТ: ___

1

2

3

4

СЛОВА-ДЕЙСТВИЯ:
что делает? что делают?

ядя	юдю	ёдё	эдэ	ыды
яря	юрю	ёрё	эрэ	ыры
явя	ювю	ёвё	эвэ	ывы
ягя	югю	ёгё	эгэ	ыгы
яфя	юфю	ёфё	эфэ	ыфы

ПИШЕМ ДИКТАНТ:

_____

_____

_____

Она прыгает.

Что она **делает**?

Он бежит.

Что он **делает**?

Они играют.

Что они **делают**?

Прочитай. Подчеркни слова-действия.
Соедини их с вопросом, на который они отвечают.

Катя <u>держит</u> кубок.

Что делает?

Что делают?

Саша и Вика
болеют за друга.

Дети бегут.

Миша
приседает
на одной ноге.

Рассмотри картинку. Прочитай предложения.
Правда это или неправда?

	Да	Нет
Юля и Боря играют в теннис.	☐	☐
Оля едет на скейте.	☐	☐
Юра прыгает на скакалке.	☐	☐
Егор бежит за мячом.	☐	☐

Прочитай. Обведи слова, которые обозначают много действие.

идёт

красивый

висит

пишут

бутылка

читают   заяц

говорят

зелёный   книги

счастливый   думает

Прочитай. Впиши слова из рамки.

играет   летает   едет

Лука _____ в баскетбол.

Лена _____ на велосипеде .

Над ними _____ бабочка.

ЧТО ДЕЛАЮТ ДЕТИ?

ВПИШИ СЛОВА-ДЕЙСТВИЯ В ПРОПУСКИ.

МАЛЬЧИК

_____

В БАССЕЙНЕ.

РЕБЯТА

_____

НА ВЕЛОСИПЕДАХ.

ДЕВОЧКА

_____

СО СКАКАЛКОЙ.

ЕДУТ   ПРЫГАЕТ   ПЛАВАЕТ

ОБВЕДИ НАЗВАНИЯ ГОРОДОВ.

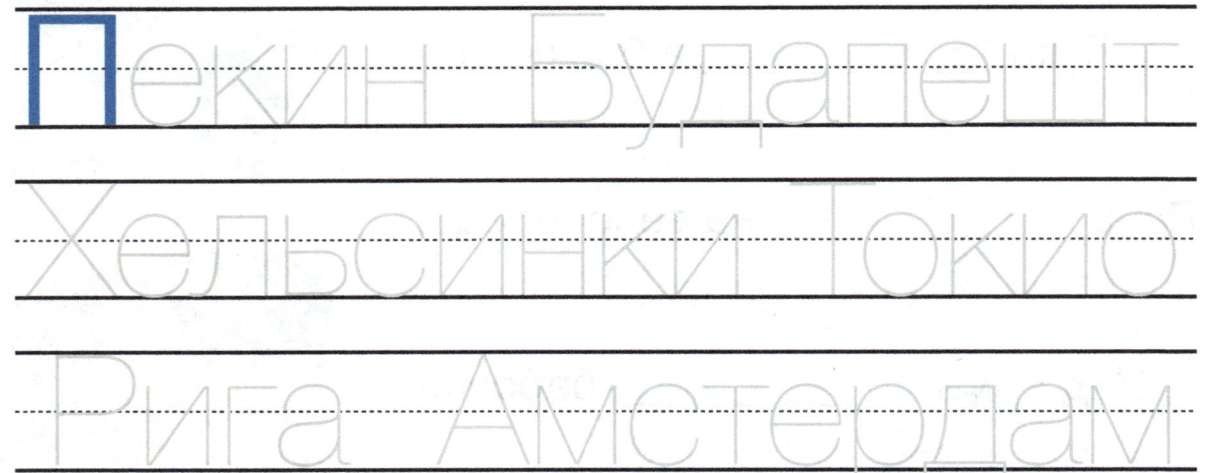

Пекин Будапешт

Хельсинки Токио

Рига Амстердам

НАПИШИ ЧИСЛА СЛОВАМИ.

ОБВЕДИ ЦИФРЫ.

$2 + 2 =$ ___ ___ ___ ___ ___

$3 + 3 =$ ___ ___ ___ ___ ___

$4 + 4 =$ ___ ___ ___ ___ ___

РЕШИ КРОССВОРД.

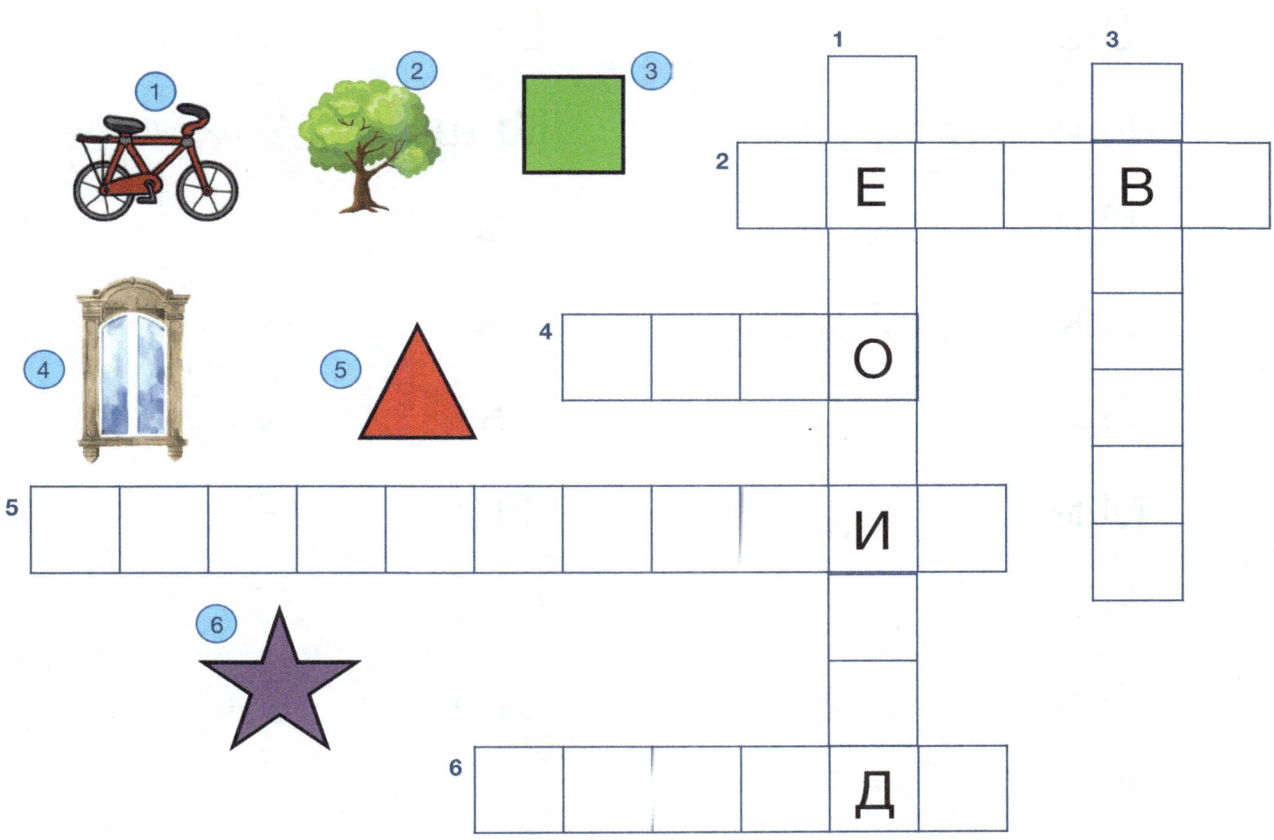

АЛФАВИТ

А а	*А а*	Р р	*Р р*
Б б	*Б б*	С с	*С с*
В в	*В в*	Т т	*Т т*
Г г	*Г г*	У у	*У у*
Д д	*Д д*	Ф ф	*Ф ф*
Е е	*Е е*	Х х	*Х х*
Ё ё	*Ё ё*	Ц ц	*Ц ц*
Ж ж	*Ж ж*	Ч ч	*Ч ч*
З з	*З з*	Ш ш	*Ш ш*
И и	*И и*	Щ щ	*Щ щ*
Й й	*Й й*	ъ	*ъ*
К к	*К к*	ы	*ы*
Л л	*Л л*	ь	*ь*
М м	*М м*	Э э	*Э э*
Н н	*Н н*	Ю ю	*Ю ю*
О о	*О о*	Я я	*Я я*
П п	*П п*		

КОЛИЧЕСТВЕННЫЕ ЧИСЛИТЕЛЬНЫЕ

0	ноль
1	один
2	два
3	три
4	четыре
5	пять
6	шесть
7	семь
8	восемь
9	девять
10	десять

11	одиннадцать
12	двенадцать
13	тринадцать
14	четырнадцать
15	пятнадцать
16	шестнадцать
17	семнадцать
18	восемнадцать
19	девятнадцать
20	двадцать
30	тридцать
40	сорок
50	пятьдесят
60	шестьдесят
70	семьдесят
80	восемьдесят
90	девяносто
100	Сто

ПРЕДЛОГИ

перед

в

над

под

между

за

рядом

у

на

Made in the USA
Monee, IL
23 May 2025

18058006R00077